JN097931

文部科学省後援事業

日本語検定

公式 過去問題集

日本語検定委員会 編

東京書籍

目次

日本語検定のご案内 —— 4

2023年度　検定問題

第1回

検定問題 —— 9

答案用紙 —— 32

検定問題の解答と解説 —— 36

第2回

検定問題 —— 61

答案用紙 —— 84

検定問題の解答と解説 —— 88

■本書について

■本書は、２０２３年度第１回検定問題（２０２３年６月10日実施）と、２０２３年度第２回検定問題（２０２３年11月11日実施）を収録しています。

■本書に収録された検定問題およびその解答・解説は日本語検定委員会が作成しました。

■本書の問題の出題範囲が、必ずしも２０２４（令和６）年度検定に出題される問題のすべての範囲を示すものではありません。

■本書の解答と解説に、各問題が主にどの領域の問題であるのかを示しました。領域については、本書４・５ページをご参照ください。

日本語検定のご案内

❶日本語検定の特徴

1 日本語の運用能力を測ります。

漢字や言葉の意味など特定の領域に限定せず、日本語の総合的な運用能力を測ります。そのため、6つの領域から幅広く出題します。

1 敬語　2 言葉のきまり　3 いろいろな言葉　4 言葉の意味　5 書き表し方　6 漢字

2 生活場面を想定した問題で、実感をもって取り組むことができます。

小学生から社会人までを対象とする日本語検定では、各級受検者の世代や社会的な役割を想定し、出題内容をそれぞれの生活場面に合わせています。

3 得意な領域・不得意な領域がわかり、自分の日本語を見直すきっかけになります。

受検者一人ひとりに作成される個人カルテ（成績表）には、小問ごとの正誤のほか、領域別得点率なども記されます。これによって、自分の得意な領域やのばす必要のある領域がわかり、自分自身の日本語力を見直すことができます。

❷検定問題

6領域＋総合問題で日本語力を幅広く判定

総合問題

6領域の力を総合的に用いた、文章や図表などの的確な読解など。

敬語　尊敬(そんけい)語・謙譲(けんじょう)語・丁寧(ていねい)語の適切な使用

言葉のきまり　語と語の正しいつながり

いろいろな言葉　言葉の豊富さ

言葉の意味　言葉の意味の理解

書き表し方　適切な漢字の使用

漢字　漢字や熟語(じゅくご)の読み方、意味の理解

❸受検級について

受検級	認定級*	各級のレベル	受検の目安						
			社会人	大学生	高校生	中学生	小学校高学年	小学校中学年	小学校低学年
1級	1級／準1級	社会人上級レベル							
2級	2級／準2級	大学卒業～社会人中級レベル							
3級	3級／準3級	高校卒業～社会人基礎レベル							
4級	4級／準4級	中学校卒業レベル							
5級	5級／準5級	小学校卒業レベル							
6級	6級／準6級	小学校4年生レベル							
7級	7級／準7級	小学校2年生レベル							

＊得点率に応じて、２種類の認定があります。

❹受検時間について（一般会場）

級	受検時間	検定開始	級	受検時間	検定開始
1級	60分	13：30	2級	60分	11：00
3級	60分	13：30	4級	50分	11：00
5級	50分	13：30	6級	50分	11：00
7級	50分	13：30			

＊検定開始時刻が異なる級に限り、併願受検も可能です。

❺認定の基準について

日本語の総合的な能力を測る

6つの領域でバランスよく得点することが必要です。

領域別得点率が50%に満たない領域がある場合には、認定されません（7級を除く）。

総合得点率と領域別得点率の両方の基準を満たすことで認定されます。

認定級	総合得点率	領域別得点率
1級	80%程度以上	50%以上
準1級	70%程度以上	
2級	75%程度以上	
準2級	65%程度以上	
3級	70%程度以上	
準3級	60%程度以上	
4級	70%程度以上	
準4級	60%程度以上	
5級	70%程度以上	
準5級	60%程度以上	
6級	70%程度以上	
準6級	60%程度以上	
7級	70%程度以上	領域なし
準7級	60%程度以上	

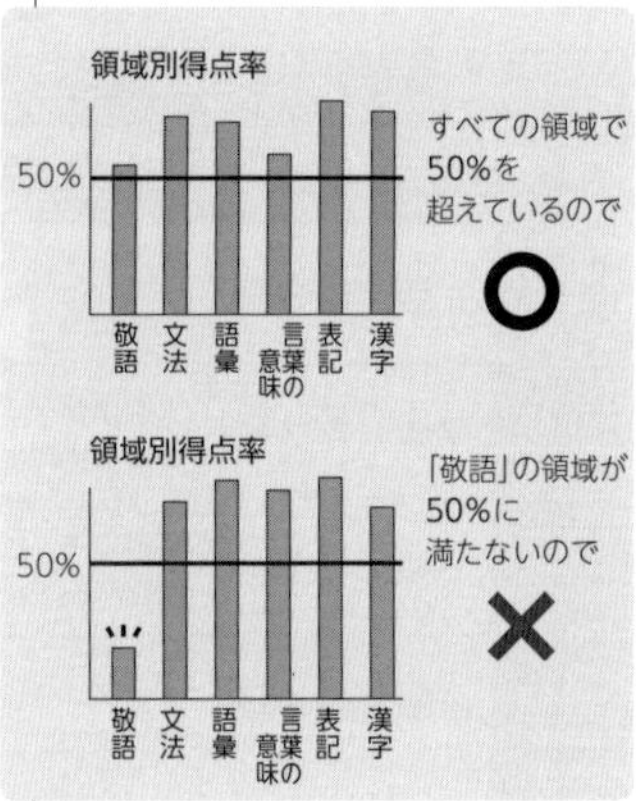

領域別得点率
50%
敬語 文法 語彙 言葉の意味 表記 漢字
すべての領域で50%を超えているので
○

領域別得点率
50%
敬語 文法 語彙 言葉の意味 表記 漢字
「敬語」の領域が50%に満たないので
×

❻個人受検の流れ

＊団体受検につきましては、日本語検定委員会事務局までお問い合わせください。

1. お申し込み・受検料の支払い ＊お支払い後の取り消し・返金・級の変更・次回検定への繰り越しはできませんのでご注意ください。	**①インターネットからのお申し込み** 日本語検定ホームページから、お申し込みと受検料のお支払いができます。 ＊お支払いは、クレジットカード・ペイジー・コンビニ決済・キャリア決済・コード決済から選択できます。 ＊お申し込みページはこちら **②店頭でのお申し込み** 取扱書店・商工会議所・代理店に申し込み、受検料をお支払いください。 「書店払込証書」または領収書（「払込受領証」等）を受け取り、出願書類を送付（下記2）してください。 **③郵送でのお申し込み** 郵便局または銀行の下記口座に受検料を振り込み、「払込受領証」を受け取り、出願書類を送付（下記2）してください。 ［郵便振替］ 口座番号　00190-3-578318 特定非営利活動法人　日本語検定委員会 ［銀行振込］ 三菱UFJ銀行　王子支店 普通口座　0023774 カナ　トクヒ）ニホンゴケンテイイインカイ 名義　特定非営利活動法人　日本語検定委員会
2. 出願書類の送付 ＊ホームページからの申し込みの場合を除きます。	願書に必要事項を記入し、「書店払込証書」または領収書（「払込受領証」等）を、返信用63円切手とともに専用封筒に入れ、委員会事務局へ郵送してください。 **【願書提出先】** 特定非営利活動法人　日本語検定委員会　委員会事務局 〒114-8524　東京都北区堀船2-17-1 ＊受検料をお支払いになっていても、上記書類が未着の場合はお申し込みが無効となりますのでご注意ください。
3. 受検票の受け取り	検定日の約1週間前
4. 受検	検定日
5. ホームページ上での解答速報閲覧	検定日の数日後
6. ホームページ上での合否速報閲覧	検定日の約25日後
7. 個人カルテ・認定証の受け取り	検定日の約35日後

❼ 2024（令和 6）年度　日本語検定　実施予定

第 1 回（通算第 35 回）

6 月 15 日（土）：一般会場

6 月 14 日（金）・15 日（土）：準会場

●**申込期間**：3 月 1 日（金） ～ 5 月 17 日（金） ＊5 月 18 日（土）消印有効

第 2 回（通算第 36 回）

11 月 9 日（土）：一般会場

11 月 8 日（金）・9 日（土）：準会場

●**申込期間**：8 月 1 日（木） ～ 10 月 11 日（金） ＊10 月 12 日（土）消印有効

●お問い合わせ・手続き取扱窓口

特定非営利活動法人
日本語検定委員会　委員会事務局
〒114-8524　東京都北区堀船2-17-1
0120-55-2858
午前 9:30～午後 4:30（土・日・祝日を除く） https://www.nihongokentei.jp

検定問題

日本語検定

令和5（2023）年度　第1回

受検上の注意

1. 問題用紙は、検定監督（かんとく）者の合図があってからひらいてください。
2. ページの順番がちがうときや、字が見えにくいようなよごれがあるときは取り替（か）えますので検定監督者に申し出てください。
3. 答案用紙に、受検番号と氏名が書いてある受検者番号シールを貼（は）り付けてください。（線でかこんである「受検者番号シール貼り付け欄（らん）」に貼り付けてください。）
4. 問題の内容についての質問には答えられません。
5. 途中（とちゅう）で会場を出るときは、手をあげて、検定監督者に申し出てください。

●検定実施：2023 年 6 月 10 日実施

●受検時間：50 分

特定非営利活動法人
日本語検定委員会

問1

【　　】のようなときのていねいな言い方として最も適切なものを選んで、番号で答えてください。

一　【子ども動物園の入り口で係の人に】

1　ぼくと妹の二人で見学にきたよ。子どもだけで入園できるかな。
2　ぼくと妹の二人で見学にきました。子どもだけで入園できますか。
3　ぼくと妹の二人で見学にきたんだけど、子どもだけで入園していいかな。

二　【市立郷土（きょうど）資料館の受付の人に】

1　市の広報に案内がおのりしている「郷土の民芸品展（みんげいひんてん）」は、どこで見られますか。
2　市の広報に案内がおのりになっている「郷土の民芸品展」は、どこで見られますか。
3　市の広報に案内がのっている「郷土の民芸品展」は、どこで見られますか。

三 【母の友人の福永さんの家で、手作りのビスケットをごちそうになって】

1 ごちそうさまでした。福永さんがお作りいたしたビスケットは、とてもおいしかったです。

2 ごちそうさまでした。福永さんがお作りになったビスケットは、とてもおいしかったです。

3 ごちそうさまでした。福永さんがお作りしたビスケットは、とてもおいしかったです。

四 【学級会で、学級委員の自分がクラスのみんなに】

1 林間学校での注意事項(じこう)について、お知らせしてあげます。

2 林間学校での注意事項について、お知らせになります。

3 林間学校での注意事項について、お知らせします。

五 【来客に、リビングルームにかざってある写真のことを聞かれて】

1 この写真は、姉が水泳の全国大会で準優勝(じゅんゆうしょう)なさったときのものです。

2 この写真は、姉が水泳の全国大会で準優勝したときのものです。

3 この写真は、お姉(ねえ)さんが水泳の全国大会で準優勝されたときのものです。

問2

一～五の――部分を敬語を使って言おうとするときには、どのような言葉を使って言えばいいでしょうか。最も適切なものを［　］から一つ選んで、番号で答えてください。同じ番号を何回使ってもかまいません。（当てはめるとき、「申し上げる」が「申し上げて」となるように、言葉の形が変わることもあります。）

一　見晴らしのよい高台にある絵画教室の先生の別荘に、五月の連休に行きました。

二　昨日、弟の幼稚園の運動会で、園長先生に久しぶりに会いました。

三　先生は、オーロラを見に外国に行ったことがあるのですね。

四　先生は、この前発見された遺跡の見学会で、実際の発掘調査現場を見たそうですね。

五　「足利義満に興味のある人は読むといい」と先生が言った本は、図書館では貸し出し中でした。

1　申し上げる
2　うかがう
3　お目にかかる
4　ご覧になる
5　おっしゃる
6　いらっしゃる

問3

次の会話は、小学校六年生の和田さんが教員室にいる担任の先生を訪ねたときのやりとりです。
ア～オの――部分について、適切な言い方ならば ○ を、不適切な言い方ならば × を解答欄に記入してください。

【和田】先生、ア ご相談になりたいことがあるのですが、よろしいですか。

【先生】いいですよ。どのようなことですか。

【和田】先生は、毎朝私たちが登校するときに付きそってくださっている、野中さんをご存じですか。

【先生】通学見守りボランティアの野中さんですね。もちろん知っていますよ。

【和田】その野中さんが、付きそいをイ おやめすると聞きました。私は入学したときからずっとお世話になってきたので、感謝の気持ちを伝えたいと思います。先生はどう思われますか。

【先生】とてもいいことだと思いますよ。具体的にどうやって感謝の気持ちを伝えるつもりですか。

【和田】まず、お礼の手紙を書こうと思っています。書き終わったら、その手紙をウ 見ていただけますか。

【先生】いいですよ。野中さんに手紙を書こうと思っている人は、和田さんのほかにもエ いらっしゃるかもしれませんね。登校班の人たちに話してみましたか。

【和田】はい。でも、全員には話せていません。登校のときしかいっしょにならない人もいるので。

【先生】そうですか。それでは、みんなで話し合う場がオ 作れるように、安全担当の先生に話してみましょう。

【和田】ありがとうございます。よろしくお願いします。

問4

一〜五の文は、日常ふつうに使う表現として適切でしょうか。適切な文であれば ○ を、不適切な文であれば × を解答欄に記入してください。

一　京都の博物館を見学しておどろいたことは、教科書にのっている工芸品がたくさんありました。

二　父の趣味は、昭和時代の自動車のプラモデルを作って、部屋にかざることです。

三　来週から、駅前の中央広場で、地元の特産品を販売する物産展が行われました。

四　今回の社会科見学の目的は、教科書がどのように作られているかを勉強します。

五　健康診断で運動不足を指摘されたことがきっかけで、母は、毎朝、ウォーキングをしています。

問5

一～三の文の、一には（　　　）に当てはまる言葉、二には①・②に当てはまる言葉の組み合わせ、三には（　　　）に当てはまる文として最も適切なものを選んで、それぞれ番号で答えてください。

一　晴れているのに、太陽のまわりに虹色の輪がかかっていた。天気が下り坂で、（　　　）明日は雨が降るかもしれない。

［1 にもかかわらず　2 もしかしたら　3 それに対して］

二　楽しみにしていたスポーツ大会の前日、夜おそくに雨が降り始めた。翌朝、目が覚めたときには強い雨で、（ ① ）風も強くふいていた。（ ② ）スポーツ大会は延期との連絡が来たので、ふだんどおり授業の用意をして登校した。

［1 ①：それとも　②：それには　2 ①：それでも　②：そのうえ
3 ①：そのうえ　②：そのため］

三　夕方、私は父と犬の散歩によく行きます。草むらからいろいろな種類の虫の鳴き声が聞こえてきて、それらの虫の名前が知りたくなりました。そこで、（　　　）。名前が分かると、虫の声を聞くことが、それまでよりもさらに楽しくなりました。

［1 昆虫にくわしい父でも、鳴き声だけで虫の名前を言い当てることができませんでした
2 虫の鳴き声がよく聞こえなかったので、博物館に電話で問い合わせることにしました
3 家に帰ってから、虫の鳴き声を集めたウェブサイトで、虫の名前を調べました］

問6 一～三は、【　】の中の言葉と似た意味を表す言葉を、四～六は、【　】の中の言葉と反対の意味を表す言葉を選んで、番号で答えてください。

◎似た意味を表す言葉

一【重要】［**1** 大変　**2** 大体　**3** 大切］

二【財産】［**1** 産物　**2** 資産　**3** 遺産(いさん)］

三【決心】［**1** 決定　**2** 決別　**3** 決意］

◎反対の意味を表す言葉

四【支部】［**1** 一部　**2** 外部　**3** 本部］

五【強大】［**1** 最小　**2** 弱小　**3** 過小］

六【簡単(かんたん)】［**1** 複数　**2** 複合　**3** 複雑］

問7

一～四の【　　】の中の二つの言葉は、意味のうえでどんな関係になっているでしょうか。同じ関係になっている組み合わせを一つ選んで、番号で答えてください。

一　【火星――金星】

［1 ヒバリ――鳥　　2 スズメ――ツバメ　　3 羽――クジャク］

二　【ぶどう――果物】

［1 小麦――穀物　　2 漬物――たくあん　　3 トマト――ケチャップ］

三　【体育館――卓球】

［1 武道――剣道　　2 テニス――ラケット　　3 グラウンド――野球］

四　【医師――治療】

［1 養殖――漁師　　2 警察官――道路標識　　3 消防士――消火］

問8

一～四のようなことを言うとき、（　　）に入る言い方として最も適切なものを［　］から一つ選んで、番号で答えてください。（当てはめるとき、「胸を借りる」が「胸を借りて」となるように、形が変わることもあります。）

一　返ってきたテストの答案を見ると、自信がなかった漢字も全部できていたので、（　　）た。

二　延長戦の終了まぎわにキャプテンの（　　）ようなシュートが決まって、優勝を勝ち取った。

三　地元出身の指揮者が二十年ぶりに行った帰国公演は、観客の（　　）すばらしいものだった。

四　被災地の人たちがいまだに避難先での生活を強いられている状況に、（　　）。

1 胸を借りる　2 胸を打つ　3 胸をなでおろす
4 胸がさわぐ　5 胸がすく　6 胸が痛む

問9

一〜四の（　）に入る言葉として、最もふさわしいものはどれでしょうか。番号で答えてください。

一　週末の野鳥を見る会は、少しくらいの雨なら（　　）するのでレインコートを用意しておこう。

［**1** 決行　**2** 決断　**3** 決着］

二　大雨と強風で電車が大幅（おおはば）におくれていて、駅は大勢の人で（　　）していた。

［**1** 混線　**2** 混同　**3** 混雑］

三　兄は昆虫（こんちゅう）が大好きで、昆虫を（　　）した記録ノートが本だなにずらっと並（なら）んでいる。

［**1** 観覧（かんらん）　**2** 観察　**3** 観点］

四　（　　）は一見にしかずというので、絶景と言われている黒部峡谷（くろべきょうこく）をいつかは実際に見てみたい。

［**1** 伝聞　**2** 見聞　**3** 百聞］

問10

一〜四の言葉は、一方の文では適切に使われていますが、もう一方の文では適切に使われているとはいえません。適切に使われているほうの文を選んで、番号で答えてください。

一【のどか】

1 雪どけの水がのどかに流れていて、川があふれないかと心配になった。

2 祖母の家のあたりは、今ものどかな田園風景が広がっている。

二【しばしば】

1 埼玉県熊谷市(くまがやし)は夏の厳(きび)しい暑さが有名で、四十度をこえる猛暑(もうしょ)にしばしば見舞(みま)われる。

2 部屋(へや)の片(かた)づけを全くしない姉は、父にしかられてしばしばそうじを始めた。

三　【いとも】

1　私がいくら練習してもできない縄とびの交差二重とびを、兄はいとも簡単にとんで見せた。

2　バスケットボール大会の初戦の相手チームはおどろくほど身長が高い選手がそろっていて、いとも強そうだった。

四　【なかなか】

1　私の住んでいる地域では、今年は記録的な大雪の日が何度もあったので、春になっても山の雪がなかなかとけなかった。

2　私たちの伝統文化クラブは、クラブ発表会で何をするか、なかなか話し合ってやっと意見がまとまった。

問11

次の文章は、小学校六年生の北川さんが書いた「台風に備えよう！」という記事の下書きです。見直してみると、漢字の使い方・送りがなのつけ方・かなづかいの正しくないところがいくつかありました。ア〜コの――部分が正しければ○を、正しくなければ×を解答欄に記入してください。

台風に備えよう！

日本では夏から秋にかけて台風が^ア接近・上陸することがあります。激しい風や雨をともなう台風により、大きな被害が出ることもあります。台風に備えて、私たちは何ができるでしょうか。

■事前にしておくこと

①^イ暴災グッズを準備しておきましょう。
同時にたくわえてある水や食料の賞味^ウ期限は過ぎていないか、懐中電灯やラジオがすぐに使えるか、^エ確めておきましょう。

②避難場所や連絡方法を確認しましょう。
家族みんなでよく話し合っておくことが大切です。

③危険なところを調べておきましょう。

- 強風で、木や^オ電注がたおれたり、看板が^カはずれて落下したりすることがあります。通学路などのよく使う道を通るときに、これらの物があるかどうか見ておきましょう。
- 地域のハザードマップ（洪水などが起きたときの被害の程度や広がりなどを示した地図）を見ると、洪水の可能性があるところなど、危険なところが分かります。自分の街の危ないところを確認しておきましょう。

では、実際の台風のときには、どうしたらいいでしょうか。

■台風が来るおそれがあるとき

- 家のまわりにあるものを、家の中にしまいましょう。自転車や植木鉢なども^キ飛ばされてしまうことがあります。
- 窓や雨戸をきちんと閉めましょう。かぎをかけることも忘れずに。
- 電気や水がとまってしまうこともあります。携帯電話などの充電をしておきましょう。浴槽に水をはっておくと、生活用水として使うことができます。

■台風が来たら

- テレビやラジオをつけ、^ク最心の情報を得るようにしましょう。
- 不要不急の外出はしないようにしましょう。特に、川のそばなど増水のおそれがあるところには絶対に^ケ近ずいてはいけません。
- 自治体から避難するようにとの指示が出たら、すみやかに避難しましょう。

身の安全が第一です。以上のことを頭に入れておき、もしも大きい台風が来てもあわてずに^コ行動してください。

問12

一～五には、使い方が正しくない漢字が一つずつあり、このままでは文の意味が通りません。あやまっている漢字をふくむ言葉の正しい書き方を、解答欄に記入してください。

（例：今日の宿題は、感字の書き取りが二十問だった。　解答●漢字）

一　ボランティアの案内で、世界遺産に登録された工場とそれに関連する遺産郡を見学した。

二　夏に限らず冬でも異常気象が多くなった原印のひとつに、海水の温度が高いことがあるらしい。

三　家族全員で、祖母の家から車で三十分ほどのところにある枚場に、馬を見に行った。

四　日照不足や低温など、このところ天功が安定しないせいで、野菜の値段が高いと母が言っていた。

五　これからの季節は食中毒が心配なので、食事の前にはよく手を洗うように心がけている。

問13 一〜六の（　　）に入る正しい漢字を選んで、番号で答えてください。

一　月が地球の（　　）星だと学習してから、月を見るのが日課のようになった。

［1 栄　2 英　3 衛］

二　母は、いとこから結婚式（けっこんしき）の（　　）待状が送られてきて、とても喜んでいる。

［1 招　2 昭　3 照］

三　校（　　）の建てかえ工事は、低学年の建物から始めて三年かかるそうだ。

［1 捨　2 舎　3 謝］

四　校長先生は全校集会で、常識にとらわれない発（　　）が若（わか）い人に求められていると強調した。

［1 総　2 創　3 想］

五　地元の伝統工芸品の布を（　　）る工場に社会科見学で行くので、聞いてみたいことをノートにまとめた。

［1 折　　2 織］

六　先生の話の大切な点を、ノートに書き（　　）めた。

［1 留　　2 止］

問14　一～五それぞれのア・イの（　）には、同じ漢字が入ります。［　］から選んで、番号で答えてください。

一　ア　となりの市では、住民が協力して、江戸時代からの（　）しい街並みを保全している。
　　イ　市立（　）術館で開催されている、世界各国の民族衣装を着るイベントに参加した。

二　ア　私の家では、私が生まれる前から水槽でシマドジョウを（　）っている。
　　イ　社会科の授業で、乳牛の（　）育がさかんな北海道別海町の農業について調べた。

三　ア　カレーをたくさん作りすぎたので、（　）った分は冷凍した。
　　イ　負けたらどうなるかなど（　）計なことは考えず、今日の試合に全力をつくそう。

四

ア　緑のカーテンを作るためになえを植えたツルレイシは、しっかり根を（　　）り生長している。

イ　朝の会のスピーチを家で何回も練習したけれど、実際に話してみると緊（きん）（　　）して上手（じょうず）にできなかった。

五

ア　渓流（けいりゅう）での魚（さかな）釣（つ）りが趣味（しゅみ）のおばが、小さな魚は川に（　　）すと言っていた。

イ　祖父は、中学生のころ、外国の日本向けラジオ（　　）送をきくことに夢中だったと、なつかしそうに話してくれた。

1	2	3	4	5	6	7	8	9	10
余	等	飼	比	難	消	放	美	張	走

問15

次の文章は、外国人旅行者が旅行中に困ったことについて、中学校一年生の大野さんが書いたものです。これを読んで、それぞれの問いに番号で答えてください。

昨年末から日本にやってくる外国人旅行者が増えてきているというニュースを見ました。そういえば、家族でおとずれた観光地で、道が分からなくて困っている外国人に、バス乗り場の場所を聞かれたことがありました。外国人旅行者は日本でどんなことに困っているのでしょうか。インターネットで検索して調べてみました。

図1は、外国人観光案内所をおとずれた外国人旅行者に旅行中に最も困ったことをたずねたものです。最も多かったのは、だれもが無料でインターネットに接続できる「無料公衆無線 LAN 環境」の約 24% で、「コミュニケーション」、「目的地までの公共交通の経路情報の入手」がそれに続きます。これら以外は、いずれも 10%未満でした。

「無料公衆無線 LAN 環境」が最も多いのは、何でもインターネットで調べることができるからではないかと思いました。例えば旅行先で目的地に向かうとき、道を間違えたり、電車やバスを乗り過ごしたりして計画どおりにいかないことがあります。また、予定を変更して別の観光地に行ってみようと考えることもあると思います。そのようなときに多くの人は、旅を続けるために知りたいことを（　**ア**　）のではないでしょうか。そんなとき、無料公衆無線 LAN があると助かるのに、使える場所が見つからないということでしょう。

図1で（　**イ**　）に多かった「コミュニケーション」については、実際にどのような場所や場面で困るのかが気になり、別の資料で調べてみました。**図2**は、コミュニケーションに困った場所・場面についてたずねたものです。最も多かったのは「言語一般」で、約49%と（　**ウ**　）。これは、特定の場所、場面というよりは、旅行全体を通してことばが通じない、分からないということだと思いました。次に、「交通」、「飲食」が同率で、その後に「買い物」と続きます。これらは「言語一般」とちがって特定の場面といえます。目的地への移動や食事、お土産などの買い物は、旅行では必ずある場面で、旅行の楽しみの一つです。そのような場面で、ことばが通じない、分からないとなると、（　**エ**　）のではないかと思います。

外国人旅行者に日本の旅を楽しんでもらうためには、無料でインターネットにつなげられる場所を増やすことが必要だと思います。さらに、今はスマートフォンなどで会話の音声を翻訳することもできるので、観光地で働く人もそれをうまく使って外国人旅行者と円滑にコミュニケーションがとれるといいと思います。そうすることで、日本での時間がさらに充実したものになるのではないでしょうか。

図1　旅行中に最も困ったこと（単位：%）

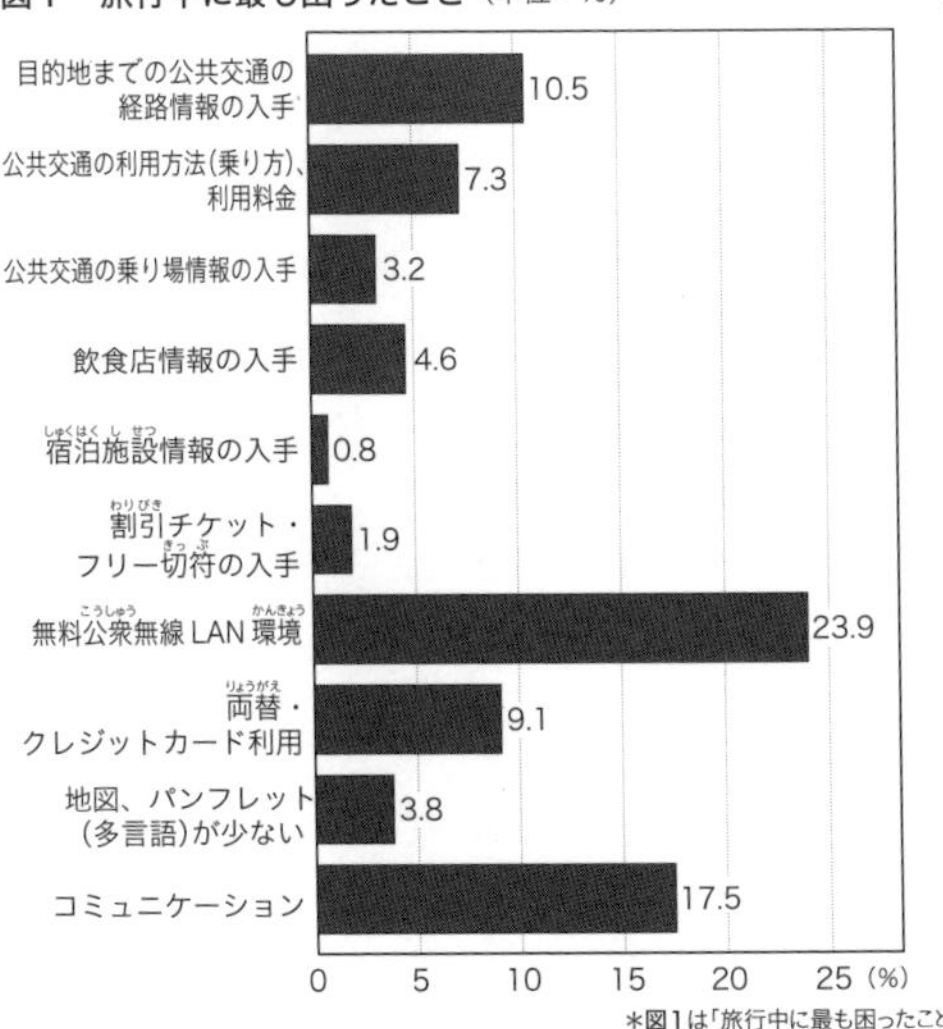

図2　コミュニケーションに困った場所・場面
（単位：%）

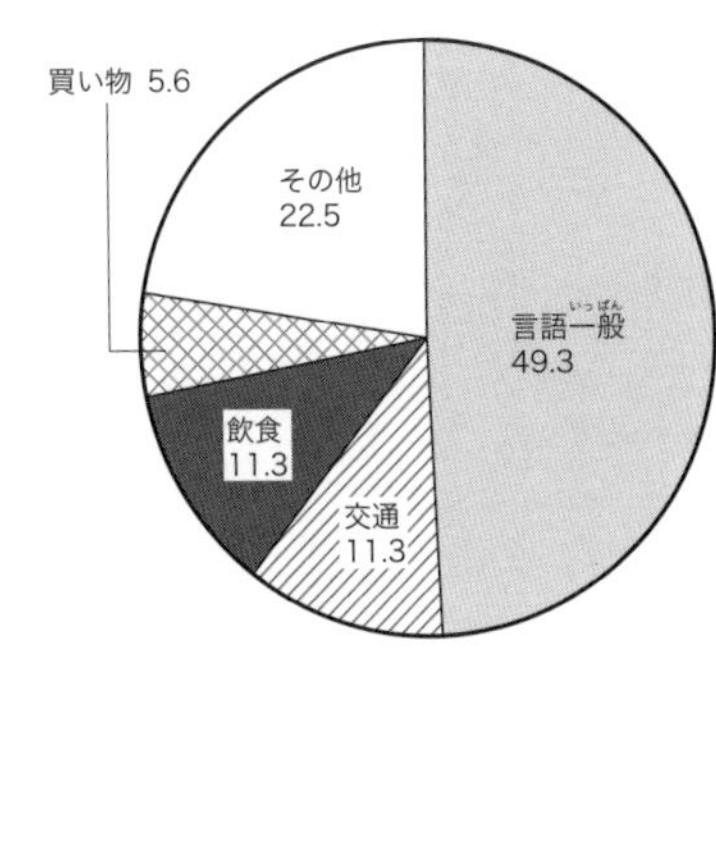

＊図1は「旅行中に最も困ったこと」と「旅行中に困ったこと」の合計で、主なもの。
＊図1・図2とも：観光庁「外国人旅行者に対するアンケート調査結果について」（2019年）をもとに作図

一　**ア**に入る言い方として最も適切なものはどれでしょうか。

［**1** インターネットを使って、その場で調べる　**2** いっしょに旅行している人に、相談する　**3** 観光案内所を探して、案内所の人に聞く］

二　**イ**に入る言葉として最も適切なものはどれでしょうか。

［**1** 1番目　**2** 2番目　**3** 3番目］

三　**ウ**に入る言い方として最も適切なものはどれでしょうか。

［**1** 大きく減少しています　**2** 過半数に達しています　**3** 半数近くをしめています］

四　**エ**に入る言い方として最も適切なものはどれでしょうか。

［**1** その楽しみが大きくなる　**2** その楽しみが半減してしまう　**3** 日本への旅行が無駄になってしまう］

問16

次の文章は、中学校一年生の平口さんが「冬の思い出」というテーマで書いた作文です。これを読んで、後の問いに答えてください。

　小学校五年生の冬休みに雪遊びをしました。冬休みの終わりごろに、私のひざの下くらいまで雪が積もったのです。私たちの住んでいる地域では、そのような大雪は（　**ア**　）ないそうです。雪が降ること自体がめずらしく、積もってもほんの一、二センチメートルですぐにとけてしまうので、思いっきり雪遊びをしたことはありませんでした。その日は、お昼ごはんの前に降り始めた雪がずっと降り続き、窓から外を見ると辺りが真っ白になっていました。

　翌朝、仕事が休みだった父と、弟と三人で雪遊びをしました。毎日、車で通勤している父は「（　**イ**　）」と言っていました。

　朝早かったので、私の家のあるマンションの芝生広場にはだれもいませんでした。足あとのついていない、真っ白な空間が広がっていました。うれしくなって雪の上を走り回ったり、転げ回ったりして、それから私と弟、父に分かれて雪合戦をしました。しばらくすると、父が「これだけ雪があるのだから『かまくら』を作ろう。」と言いました。「かまくら」は、雪で作った小さな家のようなもので、雪がたくさん必要です。こんな機会はまたとないので、「かまくら」作りにチャレンジすることにしました。

ウ

　「かまくら」を作るには、最初に一メートルほどの雪山を作る必要があります。**エ**シュウイの雪を、家から持ってきたスコップですくって一か所に積み上げます。雪は思ったより重たく、父が運ぶ手伝いをしてくれました。次に、積み上げた雪をたたいて固めたり、形を整えたりして、こんもりした雪の山にします。その雪の山がくずれないように注意して少しずつ中をくりぬいていきます。人が中に入れる穴があいたら完成です。私と弟は全身を入れることができましたが、父には無理でした。「かまくら」の中は、まるで秘密基地のようで、とても楽しく感じました。

　「かまくら」ができあがってまもなく母が仕事から帰ってきました。雪のえいきょうで交通機関が混乱しているので、半日で仕事を切り上げたそうです。父も母も、雪が降ると困ることが多いと言います。それに対して、私が、「かまくら」作りができるくらいの雪が、また積もってほしいと言うと、母が「雪が降り過ぎると、お父さんやお母さんだけでなくて、雪国の人たちでさえ苦労するの。」と、年末の豪雪のために日本海側の各地で大きな被害が出たことをくわしく教えてくれました。

　雪遊びは楽しいことですが、大雪は時には人の命にもかかわる災害ももたらします。自分が楽しいからといって喜ぶだけではなく、そのことで困る人がいることを知るのも大事だと、大雪が教えてくれました。物事を広い視点で見る大切さを実感しました。

一　アに入る言葉として最も適切なものはどれでしょうか。番号で答えてください。

［**1** ざらに　**2** めったに　**3** たびたび］

二　イに入る言い方として最も適切なものはどれでしょうか。番号で答えてください。

1 お父さんは雪国育ちだけれど、スキーは苦手だから心配だ。
2 この程度の雪ならすぐにとけてしまうだろうから、事故は起きない。
3 スリップして事故を起こしたらたいへんなことになるだろう。

三　ウの段落の表現の工夫として最も適切なものはどれでしょうか。番号で答えてください。

1「かまくら」を作るときの苦労を、たとえを交えて書くことで、読む人が「かまくら」に親しみを持てるようにしている。
2「かまくら」を作る場面を、会話を中心に書くことで、読む人もいっしょに「かまくら」を作っている気分になれるようにしている。
3「かまくら」を作るときの様子を、順を追って書くことで、読む人が「かまくら」がどのようにできあがるのか思いうかべやすくしている。

四　エ「シュウイ」を漢字で書いてください。

五　次の文のうち、この文章の内容と合っているものはどれでしょうか。一つ選んで番号で答えてください。

1 平口さんは冬休みになるといつも雪遊びを楽しんでいる。
2 平口さんは雪が降った日の翌日に学校のグラウンドに「かまくら」を作った。
3 平口さんの作った「かまくら」は、大人でも楽に入れる大きさだった。
4 平口さんの両親は、雪が降ると困ることが多いと口にした。

答案用紙

日本語検定

令和5（2023）年度　第1回

注 意

1. 下の「受検者番号シール貼り付け欄」に、受検番号と氏名が書いてある受検者番号シールを貼り付けてください。
2. 答案用紙は裏まで続いていますので、注意してください。
3. 読みやすい字で、わくからはみ出さないように書いてください。
4. まちがえたところは、消しゴムで消してから書いてください。

受検者番号シール貼り付け欄

受検者番号シールを貼ってください。

特定非営利活動法人

記入例

1

番号で答えるときは、このように算用数字で記入してください。

問1

一
二
三
四
五

問2

一
二
三
四
五

問3

ア
イ
ウ
エ
オ

問4

一
二
三
四
五

問5

一
二
三

問6

一
二
三
四
五
六

第1回　答案用紙

問7

一
二
三
四

問8

一
二
三
四

問9

一
二
三
四

問10

一
二
三
四

問11

ア
イ
ウ
エ
オ
カ
キ
ク
ケ
コ

問12

一
二
三
四
五

第1回　答案用紙

問13
一
二
三
四
五
六

問14
一
二
三
四
五

問15
一
二
三
四

問16
一
二
三
四
五

問1 ［敬語］

解答 一…2 二…3 三…2 四…3 五…2

解答のポイント 小学生や中学生であれば、ふだんは「です・ます」などの《ていねい語》を使っていれば、相手に失礼にはなりません。しかし、初めて会った人に話すときや大勢の人の前で改まって話す場合など、相手や場面に応じて、敬語をある程度使い分けられるようにしたいものです。

相手を敬う気持ちをこめて、その人の動作やその人に関係する事柄について言うときの言葉を、《尊敬語》といいます。

相手を敬う気持ちを表すときに、自分や自分の身内がする動作や関係する事柄をへりくだって言うときの言葉を、《謙譲語》といいます。

一 初めて話をする人にものをたずねるときには、ていねいな言い方をしましょう。「見学にきました」、「入園できますか」と、ていねいにたずねている、2が適切です。1の「見学にきたよ」、「入園できるかな」、3の「見学にきたんだけど」、「入園していいかな」は、ふだん友達に話すときのような言い方で、不適切です。

二 広報に「のっている」のは「郷土の民芸品展」の案内ですから、敬語を使う必要はありません。3の「（案内が）のっている」が適切です。1の「おのりしている」は、「お～する」という形の謙譲語を使っているので、不適切です。2の「おのりになっている」は、「お～になる」という形の尊敬語を使っているので、不適切です。

三　福永さんを敬う気持ちをこめて、ビスケットを「作った」ことを「お～になる」という形の尊敬語を使って言っている、2の「お作りになった」が適切です。1の「お作りいたした」は、「お～いたす」という形の謙譲語を使っているので、不適切です。3の「お作りした」は、「お～する」という形の謙譲語を使っているので、不適切です。

四　学級委員の自分がクラスのみんなに「知らせる」ので、「お～する」という形の謙譲語を使っている、3の「お知らせします」が適切です。1の「お知らせしてあげます」の「～してあげる」は、この場合はおしつけがましく受け取られるので、不適切です。2の「お知らせになります」は、「お～になる」という形の尊敬語を使っているので、不適切です。

五　「準優勝した」のは自分の姉ですから、敬語を使う必要はありません。2の「準優勝した」が適切です。1の「準優勝なさった」は、「なさる」という尊敬語を使っているので、不適切です。3の「準優勝された」は、尊敬を表す「れる」を使っているので、不適切です。また、自分の姉のことを「お姉さん」と言っているのも、不適切です。

問2 [敬語]

解答 一…2　二…3　三…6　四…4　五…5

解答のポイント 尊敬語の中には、「お（ご）～になる」などのように、いろいろな動詞に使える形のもののほかに、「いらっしゃる・おっしゃる・めしあがる・なさる」などの特別な言葉があります。また、謙譲語の中にも、「お（ご）～する」などのように、いろいろな動詞に使える形のもののほかに、「うかがう・いたす」などの特別な言葉があります。それらが、ふつうに言うときのどんな言葉に対応するかを考える問題です。尊敬語と謙譲語をとりちがえないように注意しましょう。

一 自分が絵画教室の先生の別荘に行ったので、「行く」の謙譲語である、2「うかがう」を使って、「うかがい（ました）」とするのが適切です。

二 自分が園長先生に会ったので、「会う」の謙譲語である、3「お目にかかる」を使って、「お目にかかり（ました）」とするのが適切です。

三 オーロラを見に外国に行ったのは先生なので、「行く」の尊敬語である、6「いらっしゃる」を使って、「いらっしゃった」とするのが適切です。

四 遺跡の発掘調査現場を見たのは先生なので、「見る」の尊敬語である、4「ご覧になる」を使って、「ご覧になった」とするのが適切です。

五　「読むといい」と言ったのは先生なので、「言う」の尊敬語である、5「おっしゃる」を使って、「おっしゃった」とするのが適切です。

問3 〔敬語／言葉のきまり〕

解答　ア…×　イ…×　ウ…○　エ…×　オ…○

解答のポイント　会話の中の言葉づかいの問題です。敬語の問題と言葉のきまり（文法）の問題がふくまれています。

ア　和田さんが先生に「相談したい」と言っているので、「ご～になる」という形の尊敬語を使って、「ご相談になりたい」と言っている問題文は不適切です。

イ　和田さんが通学見守りボランティアの野中さんが付きそいを「やめる」ことを言っているので、「お～する」という形の謙譲語を使っている問題文は不適切です。

ウ　和田さんが書いた手紙を先生に見てもらえるかどうかたずねているので、「もらう」の謙譲語「いただく」を使って、「見ていただけますか」と言っている問題文は適切です。

エ　先生が和田さんと同じ登校班の人たちの中に野中さんに手紙を書こうと思っている人が「いる」かもしれないと言っているので、「いる」の尊敬語「いらっしゃる」を使っている問題文は不適切です。

オ　「作る」は、「つくら（ない）・つくり（ます）・つくる・つくる（とき）・つくれ（ば）・つくれ・つくろ（う）」と形が変わる動詞です。このように形が変わる動詞で、「～することができる」という可能の意味を表すときには、「作れる」のような「可能動詞」を使うので、問題文は適切です。

問4 [言葉のきまり]

解答　一…×　二…○　三…×　四…×　五…○

解答のポイント　伝えたいことを、正しく分かりやすく相手に伝えるためには、文の中の言葉と言葉との関係に気をつける必要があります。

次のようなことに注意しましょう。

- 「主語」と「述語」が正しく対応しているか。
- 「何を」「どうする」のかが、正しく対応しているか。
- 「いつ」のことをいっているのかが、正しく伝わる言い方をしているか。
- 「なぜそうなったのか」や「どうしてそうなのか」などが、正しく伝わる言い方をしているか。

一　「見学しておどろいたことは」と「工芸品がたくさんありました」が正しく対応していないので、

不適切な文です。「京都の博物館を見学しておどろいたことは、教科書にのっている工芸品がたくさんあったことです。」などのようにすれば、適切な文になります。

二 「父の趣味は」と「作って」、「かざることです」が、正しく対応しています。

三 「来週から」とあるので、「行われました」と過去のことをいう言い方になっている問題文は不適切です。「来週から、駅前の中央広場で、地元の特産品を販売する物産展が行われます。」などのようにすれば、適切な文になります。

四 「今回の社会科見学の目的は」と「勉強します」が正しく対応していないので、不適切な文です。「今回の社会科見学の目的は、教科書がどのように作られているかを勉強することです。」などのようにすれば、適切な文になります。

五 「運動不足を指摘されたことがきっかけで」と「母は、毎朝、ウォーキングをしています」が、正しく対応しています。

問5 [言葉のきまり]

解答 一…2　二…3　三…3

解答のポイント 文と文、語句と語句のつながりをとらえる問題です。前の文（語句）と後の文（語句）がどういう関係でつながっているのかを考えて、そのつながりを示すのにふさわしい言葉（接続語）を選ぶようにしましょう。

一　「太陽のまわりに虹色の輪がかかっていた。天気が下り坂で」あることから、「明日は雨が降るかもしれない」と述べているので、そうなる可能性があることを表す、**2**「もしかしたら」が適切です。**1**「にもかかわらず」は、前の文を受けて、それとは反対のことを言うときに用います。**3**「それに対して」は、前の文と比べて物事を述べるときに用います。

二　①　雨が強くなっただけでなく、風も強くふいていたことを言っているので、前の事柄に次の事柄が加わることを表す、**3**の「そのうえ」が適切です。**1**の「それとも」は、ある事柄に対して、それとは別の事柄を述べてどちらかを選ばせるときに用います。**2**の「それでも」は、後の事柄が、前の事柄や予想したこととは異なることを表します。

②　風雨が強くてスポーツ大会は延期との連絡が来たので、前に述べた事柄が、後に述べる事柄の原因や理由であることを表す、**3**の「そのため」が適切です。**1**の「それには」は、前に述べた事柄が成り立つために大切なことや必要なことなどを述べるときに用います。

したがって、**3**「①…そのうえ　②…そのため」が適切です。

三　私は虫の名前が知りたくなったとあり、「そこで」でつながる文が後に続きます。「そこで」は、前に述べたことが、後に述べることの理由やきっかけであることを表します。ですから〔　　〕には、虫の名前を知るためにした事柄が入ります。また、その事柄は、虫の名前が分かったので、虫の声を聞くことがそれまでよりも楽しくなったという文につながります。したがって、3「家に帰ってから、虫の鳴き声を集めたウェブサイトで、虫の名前を調べました」が適切です。1は、後の文の「名前が分かると」とつながらないので、不適切です。2は、前の文の「いろいろな種類の虫の鳴き声が聞こえてきて」とつながらないので、不適切です。

問6 ［いろいろな言葉］

解答 一…3　二…2　三…3　四…3　五…2　六…3

解答のポイント 似た意味を表す言葉（「類義語」といいます）と、反対の意味を表す言葉（「対義語」といいます）を選ぶ問題です。

一 「重要」は、ある物事に欠くことのできないほど大事である様子です。似た意味を表す言葉は、3「大切」で、なくてはならないほど必要とされ、重んじられる様子です。1「大変」は、苦労などの程度がはなはだしいことです。2「大体」は、物事の主要なところのこと、また、数や量などを大づかみにとらえることです。

二 「財産」は、個人や会社などの団体が持っているお金、土地や建物など価値（かち）のあるもののことです。似た意味を表す言葉は、2「資産」で、個人の生活や団体の活動の元手となるお金や、土地や建物などのことです。１「産物」は、ある土地で作られる物や、とれる物のことです。３「遺産」は、なくなった人が残した財産のことです。

三「決心」は、ある事をしようと心に決めることです。似た意味を表す言葉は、３「決意」で、重大な事柄（ことがら）について、自分の考えをはっきりと決めることです。１「決定」は、物事がはっきりと定まること、また、その内容のことです。２「決別」は、きっぱりと別れることです。

四「支部」は、組織や団体などで、活動の中心となるところから分かれて担当（たんとう）の地域（ちいき）にかかわる活動をするところのことです。反対の意味を表す言葉は、３「本部」で、組織や団体などで活動の中心になるところです。１「一部」は、全体の中のある部分のことです。２「外部」は、ある物の外側の部分や、ある組織や仲間から見て関係のない人たちなどのことです。

五「強大」は、勢力などがとても強い様子です。反対の意味を表す言葉は、２「弱小」で、勢力などがとても弱い様子です。１「最小」は、ある範囲（はんい）の中でいちばん小さい様子です。３「過小」は、あまりにも小さい様子です。

六「簡単」は、こみいっていなくて、分かりやすい様子です。反対の意味を表す言葉は、３「複雑」で、こみいっていて、分かりにくい様子です。１「複数」は、二つ以上の数のことです。２「複合」は、二つ以上のものが合わさって一つのものになることです。

問7 〔いろいろな言葉〕

解答 一…2　二…1　三…3　四…3

解答のポイント 言葉どうしのさまざまな意味の関係を考える問題です。

ここでは、

◎ものの名前と、それと同じ仲間であるものの名前を表す言葉
◎ものの名前と、それをふくむグループの名前を表す言葉
◎場所の名前と、そこですることを表す言葉
◎職業の名前と、その職業に就(つ)いている人が主にする仕事を表す言葉

をあつかっています。

一　「火星――金星」は、どちらも太陽の周りをまわっている惑星(わくせい)ですから、「ものの名前と、それと同じ仲間であるものの名前を表す言葉」という関係です。2「スズメ――ツバメ」が、どちらも鳥（鳥類）の一種ですから、同じ関係です。1「ヒバリ――鳥」は、「ヒバリ」は「鳥」の一種ですから、「ものの名前と、それをふくむグループの名前を表す言葉」という関係です。3「羽――クジャク」は、「クジャク」の体に「羽」があるという関係です。

二　「ぶどう――果物」は、「ぶどう」は「果物」の一種ですから、「ものの名前と、それをふくむグ

ループの名前を表す言葉」という関係です。１「小麦――穀物」が、「小麦」は「穀物」の一種ですから、同じ関係です。２「漬物――たくあん」は、「漬物」の一種に「たくあん」があるという関係です。３「トマト――ケチャップ」は、「ケチャップ」は主に「トマト」を原料として作る物という関係です。

三「体育館――卓球」は、「卓球」は主に「体育館」で行うスポーツなので、「場所の名前と、そこですることを表す言葉」という関係です。３「グラウンド――野球」が、「野球」は主に「グラウンド」で行うスポーツなので、同じ関係です。１「武道――剣道」は、「剣道」は「武道」の一種という関係です。２の「ラケット」は、「テニス」や卓球などでボールを打つ道具のことです。

四「医師――治療」は、「医師」の主な仕事は病気などの人を「治療」することですから、「職業の名前と、その職業に就いている人が主にする仕事を表す言葉」という関係です。３「消防士――消火」が、「消防士」の主な仕事は、火事などを「消火」することですから、同じ関係です。１「養殖――漁師」は、魚や貝などを「養殖」する養殖漁業は「漁師」の仕事の一つです。２の「警察官」は、事故や事件を防いだり、起こった犯罪などの捜査(そうさ)をしたりすることを仕事としています。「道路標識」は、道路の交通が安全でとどこおりないようにするために、案内や警戒(けいかい)、規制、指示などを表示している目じるしのことです。

問8 ［いろいろな言葉］

解答 一…3　二…5　三…2　四…6

解答のポイント 「胸」をふくむいろいろな言い方を取り上げています。それぞれの文が言い表そうとしている意味を考えて、当てはまる言い方を選ぶ問題です。

一 心配なことがなくなって、安心してほっとすることをいう、3「胸をなでおろす」を使った、「胸をなでおろし（た）」が適切です。

二 気分が晴れてすっきりすることをいう、5「胸がすく」が適切です。

三 見たり聞いたりする人を強く感動させることをいう、2「胸を打つ」が適切です。

四 悲しみなどで心が苦しくなることをいう、6「胸が痛む」が適切です。

問9 ［言葉の意味］

解答 一…1　二…3　三…2　四…3

解答のポイント 同じ漢字がふくまれている熟語（じゅくご）の使い分けの問題です。それぞれの文によって言い表そうとしていることを考えて、それにふさわしい言葉を選ぶことが必要です。

第1回　解答と解説

一　予定していたことを思い切ってするという意味を表す、１「決行」が適切です。２「決断」は、きっぱりと自分の考えを決めることです。３「決着」は、物事にきまりがついたり、問題にかたがついたりして、終わりになることです。

二　たくさんの人が集まって、その場所が混み合うという意味を表す、３「混雑」が適切です。１「混線」は、電話などで、信号がまじって、よその会話が聞こえたり、こちらの会話がもれたりすることです。２「混同」は、別々（べつべつ）に分けて考えるべきものを、同じ種類のもののようにあつかうことです。

三　物事の状態や様子を、ありのままにくわしく見るという意味を表す、２「観察」が適切です。１「観覧」は、劇（げき）や景色（けしき）などを見物することです。３「観点」は、物事を見たり考えたりするとき、そのもとになる立場のことです。

四　人から何度も聞くより、自分で実際に見るほうがはるかによく分かるということをいう「百聞は一見にしかず」となる、３「百聞」が適切です。１「伝聞」は、本人から直接聞くのではなくて人づてに聞くこと、また、その内容のことです。２「見聞」は、実際にその場に行って物事を見たり聞いたりすること、また、それによって得られた知識や経験のことです。

問10 ［言葉の意味］

解答　一…2　二…1　三…1　四…1

解答のポイント　使い方のうえで注意が必要な、さまざまな言葉を取り上げています。

一 【のどか】…静かでのんびりとした様子を表す言葉で、2の使い方が適切です。1の「のどか（に）」は「ごうごう（と）」などであれば適切な文になります。

二 【しばしば】…同じことが何度もくり返される様子を表す言葉で、1の使い方が適切です。2は「しぶしぶ」などであれば適切な文になります。

三 【いとも】…物事の程度のはなはだしいさまを表す言葉です。1の「いとも簡単に」はよく使われる言い方で、1が適切です。2のような使い方は一般的ではありません。

四 【なかなか】…後に打ち消しの言葉が付いた形で、簡単には（〜ない）、容易には（〜ない）という意味を表す言葉で、1の使い方が適切です。2は「とことん」などであれば適切な文になります。

問11 ［書き表し方］

解答　ア…○　イ…×　ウ…○　エ…×　オ…×
カ…○　キ…○　ク…×　ケ…×　コ…○

解答のポイント　**漢字の使い分け・送りがなの付け方・かなづかいの間違いがふくまれています。書いた後でよく見直さないと、こうした間違いをそのままにしてしまうことがあります。ほかの人の文章を見るつもりになって、注意深く見直しましょう。**

ア　接近…適切な書き表し方です。

イ　暴災…「防災」が適切な書き表し方です。地震や台風、火事などによって起こると想定される災害の対策をたてて、被害をできるだけ減らすことを言います。

ウ　期限…適切な書き表し方です。

エ　確めて…「確かめて」が適切な書き表し方です。「確かめる」のもとになっている「確かだ」という言葉は、「たしかだろ（う）・たしかで（ない）・たしかに（なる）・たしかだっ（た）・たしかだ・たしかな（とき）・たしかなら（ば）」と形が変わる言葉です。このような言葉は、形が変わる部分から送りがなを付けるのがふつうですが、「確かだ」は「か」から送りがなを付けます。

オ　電注…「電柱」が適切な書き表し方です。空中に張った電線や電話線などを支える柱のことを言います。

カ　はずれて…適切な書き表し方です。

キ　飛ばされて…適切な書き表し方です。

ク　最心…「最新」が正しい書き表し方です。いちばん新しいことを言います。

ケ　近ずいて…「近づいて」が適切な書き表し方です。この「近づく（近い＋つく）」のように二つの語が合わさってできた言葉で、後の語の初めに「つ」がある場合は「づ」と書き表しますが、ほかに「づ」と書くのは「つづける（続ける）」など少ししかありません。

コ　行動…適切な書き表し方です。

問12　〔書き表し方〕

解答　一…遺産群　二…原因　三…牧場　四…天候　五…季節

解答のポイント　**文に合った言葉を正しい漢字で書く問題です。同じ読み方をする漢字がいくつかある場合には、特に注意が必要です。**

一　過去から現在に受けつがれる史跡(しせき)や文化財、貴重(きちょう)な自然環境(かんきょう)などの集まりのことで、「遺産群」が正しい書き表し方です。「群」は、同じ種類のものの集まりという意味を表します。「郡」は、都道府県をいくつかに分けたときの土地の区切りのことで、町や村がふくまれます。

二 ある物事や状態が引き起こされるもとのことで、「原因」が正しい書き表し方です。「因」は、ある事が起こるもとという意味を表します。「印」は、しるしを付ける、また、はんこという意味を表します。

三 ウシやウマ、ヒツジなどを、さくで囲って放し飼いにして育てるところのことで、「牧場」が正しい書き表し方です。「牧」は、ウシやウマを飼うところという意味を表します。「枚（まい）」は、紙や板、皿などうすくて平たいものという意味を表します。また、それらを数えるときに用いる言葉にもなります。

四 数日から、長くても二、三か月の間の天気の様子をひとまとめにしていう言葉で、「天候」が正しい書き表し方です。「候」は、季節のこと、また、物事の様子という意味を表します。「功」は、努力してなしとげた望ましい結果という意味を表します。

五 一年を春夏秋冬に分けたときの、それぞれの期間のことで、「季節」が正しい書き表し方です。「季」は、春夏秋冬などの、一年の区分という意味を表します。「委」は、他人に任せるという意味を表します。

問13 ［漢字］

解答　一…3　二…1　三…2　四…3　五…2　六…1

解答のポイント　同じ読み方のある漢字の使い分けの問題です。一～四は、音読みの熟語で、五と六は、訓読みの言葉です。それぞれの漢字の意味や使い方を、正しく理解することが大切です。

一　惑星の周りをまわっている天体のことをいう、「衛星」となる、3「衛」が適切です。1「栄」は、さかんになるという意味を表します。2「英」は、すぐれている人や物という意味を表します。

二　もよおし物に客として呼んでもてなすことを書き記した手紙のことをいう、「招待状」となる、1「招」が適切です。2「昭」は、かがやいていて明るい、また、明らかにするという意味を表します。3「照」は、光を当てる、また、光が当たるという意味を表します。

三　学校の建物のことをいう、「校舎」となる、2「舎」が適切です。1「捨」は、すてるという意味を表します。3「謝」は、あやまる、また、お礼を言うという意味を表します。

四　あることについて得た新しい考えや思いつきのことをいう、「発想」となる、3「想」が適切です。1「総」は、一つにまとめるという意味を表します。2「創」は、初めてつくるという意味を表します。

五　糸を組み合わせて布状のものを作ることをいう、「織る」となる、2「織」が適切です。1「折」

を使った「折る」は、紙などを曲げる、また、木の枝などを曲げて切りはなすという意味を表します。

六　後で見るために、メモなどに書いて残すことをいう、「書き留める」となる、1「留」が適切です。2「止」を使った「止める」は、何かを動かないようにするという意味を表します。

問14 【漢字】

解答　一…8　二…3　三…1　四…9　五…7

解答のポイント　ア・イ両方の（　）に当てはまる、一つの漢字を選ぶ問題です。それぞれの文によって言い表そうとしていることから、どのような言葉が適切なのか、その言葉はどの漢字で書くのか、というように考えます。

一　アでは、「～しい」につながるものとして、形の上では2「等」、5「難」、8「美」が考えられます。このうちイで、「～術館」につながるのは8「美」だけで、絵画や彫刻(ちょうこく)、工芸品など、多くの人が鑑賞(かんしょう)できるように展示(てんじ)する施設(しせつ)のことをいう「美術館」となりますから、これが適切です。アの「美しい」は、色や形などの調和がとれていて、きれいだと感じたり、きちんとしていることで気持ちよく感じたりする様子を表します。

二　**ア**では、「～って」につながるものとして、形の上では1「余」、3「飼」、7「放」、9「張」、10「走」が考えられます。このうち**イ**で、「～育」につながるのは3「飼」だけで、家畜にえさをやり、そだてることをいう「飼育」となりますから、これが適切です。**ア**の「飼う」は、動物にえさをやって養うという意味を表します。

三　**ア**では、「～った」につながるものとして、形の上では1「余」、3「飼」、7「放」、9「張」、10「走」が考えられます。このうち**イ**で、「～計」につながるのは1「余」だけで、必要以上に多くあってじゃまになる様子をいう「余計」となりますから、これが適切です。**ア**の「余る」は、今すぐには必要としないものとしてそこにあるという意味を表します。

四　**ア**では、「～り」につながるものとして、形の上では1「余」、7「放」、9「張」、10「走」が考えられます。このうち**イ**で、「緊～」につながるのは9「張」だけで、失敗しないようにと心や体が引きしまることをいう「緊張」となりますから、これが適切です。**ア**の「張る」は、植物の根や枝が大きく広がるという意味を表します。

五　**ア**では、「～す」につながるものとして、形の上では1「余」、4「比」、6「消」、7「放」が考えられます。このうち**イ**で、「～送」につながるのは7「放」だけで、ラジオやテレビの電波を使って、多くの人にニュースやドラマ、音楽などの番組を伝え聞かせることをいう「放送」となりますから、これが適切です。**ア**の「放す」は、とらえていた動物などを自由にするという意味を表します。

問15 ［総合問題］

解答 一…1　二…2　三…3　四…2

解答のポイント 二つのグラフと、それについて書かれた文章からなる問題です。筆者が、図のどのようなところに注目して、そこから何を言おうとしているのかを考えることが大切です。

一　**ア**をふくむ段落(だんらく)の初めに「『無料公衆無線ＬＡＮ環境』が最も多いのは、何でもインターネットで調べることができるから」とあります。また、**ア**の直後には「そんなとき、無料公衆無線ＬＡＮがあると助かる」とあります。これらを合わせると、筆者は、「無料公衆無線ＬＡＮがあると」、「何でもインターネットで調べることができるから」「助かる」と述べようとしていると考えられます。したがって、**ア**は**1**「インターネットを使って、その場で調べる」が適切です。**ア**をふくむ段落には、「いっしょに旅行している人」や「観光案内所」についての記述はないので、**2**と**3**は不適切です。

二　**図1**を見ると、最も多いのが「無料公衆無線ＬＡＮ環境」で、続いて「コミュニケーション」が17・5％、「目的地までの公共交通の経路情報の入手」が10・5％となっています。したがって、**2**「2番目」が適切です。

三　最も多かった「言語一般」は約49％とほぼ半分なので、**3**「半数近くをしめています」が適切です。ここでは、増減について述べていないので、**1**「大きく減少しています」は、不適切です。**2**「過半数に達しています」は、50％をこえていないので、不適切です。

四　**エ**をふくむ文の初めの「そのような場面」は、一つ前の文の「目的地への移動や食事、お土産などの買い物」を指しています。筆者はそれを、「旅行の楽しみの一つ」であると述べています。つまり、**エ**をふくむ文は、「旅行の楽しみの一つ」である場面で「ことばが通じない、分からない」とどうなるかを述べていることが分かります。さらに、**エ**をふくむ文の後に続く「外国人旅行者に日本の旅を楽しんでもらうためには、……」とのつながりを考えると、**エ**には、「日本の旅を楽しむことが難（むずか）しくなってしまうという内容の言い方が合うと考えられます。したがって、**2**「その楽しみが半減してしまう」が適切です。**1**「その楽しみが大きくなる」は、**エ**をふくむ段落の内容と合わず、不適切です。**3**「日本への旅行が無駄になってしまう」は、前後で旅行を楽しむことについて述べていることとつながらず、また、筆者は「旅行が無駄になってしまう」とまでは言っていないので、不適切です。

問16【総合問題】

解答　一…2　二…3　三…3　四…周囲　五…4

解答のポイント　総合問題です。これまでに出てきたいろいろな内容がふくまれています。

一　アの次の文に「雪が降ること自体がめずらしく、積もってもほんの一、二センチメートルですぐにとけてしまう」とあることから、後に打ち消しの言葉が付いた形で、ほとんどない様子を表す言葉の2「めったに」が適切です。1「ざらに」は、同じようなものがいくらでもあって、めずらしくない様子を表す言葉です。3「たびたび」は、同じことが何度もくり返される様子を表す言葉です。

二　第一段落に、「雪がずっと降り続き、窓から外を見ると辺りが真っ白になっていました」とあることから、大雪だったことが分かります。平口さんのお父さんは「車で通勤している」とあり、2と3が車に関係する文ですが、大雪だったので「この程度の雪ならすぐにとけてしまうだろう」と言っている2は不適切です。平口さんのお父さんが「雪国育ち」かどうかや「スキーは苦手」かどうかについては文章中に述べられていないので、1は不適切です。したがって、イには、3「スリップして事故を起こしたらたいへんなことになるだろう。」が適切です。

三　ウの段落では、「かまくら」を作ったときの様子を、作り始めから完成まで順を追って、苦労した点や注意したところもふくめて書いています。また、できあがったときの様子や感想も述べています。したがって、3「『かまくら』を作るときの様子を、順を追って書くことで、読む人が『かまくら』がどのようにできあがるのか思いうかべやすくしている。」が適切です。1は、この段落の最後では「かまくら」について「まるで秘密基地のよう」と、たとえ（比喩(ひゆ)）を用いて説明していますが、このたとえは「『かまくら』を作るときの苦労」について書いたものではないので、不適切です。2は、この段落には会話文は用いられていないので、不適切です。

四　ある物のまわりという意味を表す、「周囲」が正しい書き表し方です。

五　第五段落に「父も母も、雪が降ると困ることが多いと言います。」とあるので、4「平口さんの両親は、雪が降ると困ることが多いと口にした。」が適切です。第一段落に「私たちの住んでいる地域では、……雪が降ること自体がめずらしく、……思いっきり雪遊びをしたことはありませんでした。」とあるので、1は不適切です。第三段落から、雪遊びをしたのは「私の家のあるマンションの芝生広場」と分かるので、2は不適切です。第四段落に「私と弟は全身を入れることができましたが、父には無理でした。」とあるので、3は不適切です。

5級

令和5（2023）年度　第2回

日本語検定

検定問題

受検上の注意

1. 問題用紙は、検定監督者の合図があってからひらいてください。
2. ページの順番がちがうときや、字が見えにくいようなよごれがあるときは取り替えますので、検定監督者に申し出てください。
3. 答案用紙に、受検番号と氏名が書いてある受検者番号シールを貼り付けてください。（線で囲んである「受検者番号シール貼り付け欄」に貼り付けてください。）
4. 問題の内容についての質問には答えられません。
5. 途中で会場を出るときは、手をあげて、検定監督者に申し出てください。

●**検定実施：2023 年 11 月 11 日実施**

●**受検時間：50 分**

特定非営利活動法人
日本語検定委員会

問1

【　】のようなときのていねいな言い方として最も適切なものを選んで、番号で答えてください。

一 【ショッピングモールの案内所で】

1 さっき放送が流れたスタンプラリーに参加しにきたよ。どうすればいいかな。

2 さきほど放送していたスタンプラリーに参加したいんだけど、どうすればいいの。

3 さきほど放送していたスタンプラリーに参加したいのですが、どうすればいいですか。

二 【市役所の市民広場の職員に質問して】

1 今日は、市の広報にのられている地震体験イベントは、開催していますか。

2 今日は、市の広報におのりになっている地震体験イベントは、開催していますか。

3 今日は、市の広報にのっている地震体験イベントは、開催していますか。

三

【遠足について、学級委員の自分がクラスのみんなに】

1 これから、明日（あす）の遠足の注意点についてご説明なさいます。

2 これから、明日の遠足の注意点について説明してあげます。

3 これから、明日の遠足の注意点についてご説明します。

四

【市民文化祭の書道の部で金賞を受賞した、母の友人に】

1 おめでとうございます。富田さんが書道をお始めになったのは、いつごろですか。

2 おめでとうございます。富田さんが書道をお始めいたしたのは、いつごろですか。

3 おめでとうございます。富田さんが書道をお始めしたのは、いつごろですか。

五

【となりの家に、りんごを持って行って】

1 青森のおじいさんが作ってくださったりんごです。どうぞめしあがってください。

2 青森の祖父が作られたりんごです。どうぞめしあがってください。

3 青森の祖父が作ったりんごです。どうぞめしあがってください。

一～五の――部分を敬語(けいご)を使って言おうとするときには、どのような言葉を使って言えばいいでしょうか。最も適切なものを[　　]から一つ選んで、番号で答えてください。同じ番号を何回使ってもかまいません。（当てはめるとき、「うかがう」が「うかがって」となるように、言葉の形が変わることもあります。）

一　先生は、今年(ことし)は冬山登山に行きますか。

二　今度の連休中に、通っていた幼稚園(ようちえん)の園長先生に会う約束をしました。

三　先生が「歴史に関心があるなら一度行くといい」と言っていた、市立歴史館に行ってきました。

四　社会科見学で行った自動車工場では、最初に工場長さんから作業全体についての話を聞きました。

五　先生は、『生き物ふしぎ発見』というテレビ番組を見たことがありますか。

1 うかがう	2 いらっしゃる	3 お目にかかる
4 ご覧(らん)になる	5 おっしゃる	6 参る

問3

次の会話は、小学校六年生で学級委員の大山さんと、音楽発表会担当の境先生との教員室でのやりとりです。ア～オの――部分について、適切な言い方ならば ○ を、不適切な言い方ならば × を解答欄に記入してください。

【大山】失礼します。来月の音楽発表会のことでお願いがあるのですが、今、ご都合はア<u>よろしいですか</u>。

【先生】いいですよ。どのようなことですか。

【大山】クラスの話し合いで、発表会で実際に演奏をするステージで練習したいという意見が出ました。放課後に体育館のステージをイ<u>ご利用になって</u>練習をしたいのですが、可能ですか。

【先生】なるほど。それならば、授業が五校時の日の下校時間までならば使っていいですよ。ただ、習い事や学習塾に通っている人もいるでしょう。その人たちはどうするか話し合いましたか。

【大山】はい。担任の松本先生が練習は無理のないようにとウ<u>申しあげてくれた</u>ので、練習日は週二日にして、どちらかに参加すればよいことにしました。どちらにも参加できない人は、別の日に教室で自主練習をすることにしました。

【先生】分かりました。大山さんたちのクラスが、発表会まで週二日、体育館のステージをエ<u>使えるように</u>手配しますね。

【大山】そうしてオ<u>いただけます</u>か。ありがとうございます。

【先生】クラス全員が練習できるようにするには、学級委員の大山さんのがんばりにかかっていますね。

【大山】うまくいくといいのですが……。がんばります。

第2回 問題

問4

一～**五**の文は、日常ふつうに使う表現として適切でしょうか。適切な文であれば ○ を、不適切な文であれば × を解答欄(かいとうらん)に記入してください。

一　美術館に行っておどろいたことは、教科書にのっている作品も展示(てんじ)されていました。

二　父の友人の矢野さんは、去年の冬に家族全員で長野県に移住します。

三　秋田犬が海外で人気があるのは、ぴんと立った耳や丸いしっぽがかわいいからだそうです。

四　私(わたし)の夢は、旅客機(りょかくき)のパイロットになって世界中の国へ行きます。

五　祖母の誕生日(たんじょうび)に暖(あたた)かいマフラーをプレゼントしようと思い、弟と私でお小遣(こづか)いをためています。

問5

一〜三の文の、一には（　　）に当てはまる言葉、二には①・②に当てはまる言葉の組み合わせ、三には（　　）に当てはまる文として最も適切なものを選んで、それぞれ番号で答えてください。

一　休日はいつもチャンネル争いをしている父と姉が、今日はテレビに向かって仲良く並んで座っている。（　　）、これからラグビーワールドカップの日本の試合の中継があるからだ。

［1 それとも　2 したがって　3 なぜなら］

二　足首をひねったので湿布をはってねれば治ると思った。（①）、翌朝、足首がはれてしまったので、父に病院に連れていってもらった。（②）、レントゲンの結果を見た医師に足首の骨にひびがはいっていると言われ、ギプスで固定することになった。

［1 ①…ところが　②…すると　2 ①…だから　②…しかし　3 ①…つまり　②…やがて］

三　私は、毎日日記をつけています。きっかけは部屋の片付けでした。小学校六年生の夏休みの宿題で書いた絵日記が出てきて、読み返してみると、忘れていた出来事が思い出されて、なつかしい気持ちになりました。そこで、（　　）。そのまま中学校を卒業するまで日記を続けるつもりです。

［1 宿題のプリントなどとともに、分かりやすいところに保管しておこうと決めました
2 今度は宿題としてではなく、自分の意思で日記をつけていこうと思いました
3 小学校のときのプリントなども見返して、忘れないようにしようと思いました］

問6

一〜三は、【　　】の中の言葉と似た意味を表す言葉を、四〜六は、【　　】の中の言葉と反対の意味を表す言葉を選んで、番号で答えてください。

◎似た意味を表す言葉

一【配達】［1 配布　2 配給　3 配送］

二【期日】［1 期待　2 期間　3 期限］

三【特殊(とくしゅ)】［1 特色　2 特別　3 特長］

◎反対の意味を表す言葉

四【敵意(てきい)】［1 待意　2 任意　3 好意］

五【戸外】［1 屋内　2 管内　3 案内］

六【意外】［1 当直　2 当然　3 当時］

問7

一～四の【　　】の中の二つの言葉は、意味のうえでどのような関係になっているでしょうか。同じ関係になっている組み合わせを一つ選んで、番号で答えてください。

一【キツネ――イノシシ】
［1 キャベツ――スズムシ　2 マツムシ――マツ　3 コスモス――シクラメン］

二【三角定規――文房具（ぶんぼうぐ）】
［1 紙――新聞　2 教科書――本　3 絵本――辞書］

三【わりばし――木】
［1 ビーカー――水　2 試験管――ガラス　3 体温計――温度計］

四【楽観――悲観】
［1 用心――注意　2 出発――到着（とうちゃく）　3 使用――準備］

第2回　問題

問8

一〜四のようなことを言うとき、（　　）に入る言い方として最も適切なものを［　］から一つ選んで、番号で答えてください。（当てはめるとき、「口をそろえる」が「口をそろえて」となるように、形が変わることもあります。）

一　ゲームをする前に宿題をするようにと母が（　　　　）て言っても、弟はなかなか言うことを聞かない。

二　島川さんがいちばんピアノが上手だと、クラスのみんなが（　　　　）てほめたたえた。

三　小島さんは（　　　　）から、大事な秘密を打ち明けてもよさそうだ。

四　祖父は、ふだんはおしゃべりだけれども、人前に出ると（　　　　）くなる。

1　口をそろえる　　2　口を切る　　3　口をすっぱくする
4　口が軽い　　5　口が重い　　6　口がかたい

問9

一〜四の（　　）に入る言葉として、最もふさわしいものはどれでしょうか。番号で答えてください。

一　母が勤めている研究所は、（　　）されてから三十年以上もたっているそうだ。

［**1** 設立　**2** 設計　**3** 設定］

二　長島さんの（　　）で、私たちの班は商店街の和菓子店で職場体験学習を行うことになった。

［**1** 提案　**2** 提供　**3** 提示］

三　光のとどかない深海の底でも、その環境に（　　）して生きている生物がいるらしい。

［**1** 適当　**2** 適応　**3** 適用］

四　妹はおばさんから小学校の入学祝いにいろいろな機能が付いた腕時計をもらったけれど、まだ幼いので「ねこに（　　）」だと思う。

［**1** 評判　**2** 小判　**3** 裁判］

一～四の言葉は、一方の文では適切に使われていますが、もう一方の文では適切に使われているとはいえません。適切に使われているほうの文を選んで、番号で答えてください。

一【めっぽう】

1　青木さんは寒さにめっぽう強いらしく、真冬でも半袖シャツ一枚で登校してくる。

2　父は妹のことを目の中に入れても痛くないくらいかわいがっていて、どんなわがままもめっぽう聞いている。

二【たんたんと】

1　連休中は、ついついたんたんとアニメやバラエティー番組を見続けて、夜ふかしをしてしまった。

2　優勝インタビューで、最優秀選手に選ばれたキャプテンは、厳しい練習にあけくれた日々についてたんたんと語った。

三　【いったん】

1　夏の暑さのえいきょうもあったのか、今年は紅葉の葉がいったん色づかない。

2　交差点では自転車をいったん止めて、左右の安全を確かめよう。

四　【それほど】

1　今回のテストは、体調が良くなくて事前にそれほど勉強できなかったけれど、思ったより点数がよかった。

2　駅前の市道の街路樹がかれたので、市役所がそれほどの被害が出ているか調査することになった。

次の文章は、小学校六年生の梅野さんが書いた三分間スピーチの下書きです。見直してみると、漢字の使い方・送りがなのつけ方・かなづかいの正しくないところがいくつかありました。ア〜コの――部分が正しければ○を、正しくなければ×を解答欄に記入してください。

　新型コロナウイルス感染症がア流行して、みなさんも思うような生活ができなかっただろうと思います。私の家では毎年家族旅行をしていましたが、できなくなってとても残念でした。そこで、私がやってみたことがあります。それは、自分なりの旅行の計画を立てることです。実際に行くつもりになって、イけっこお具体的に考えました。今日は、その作業についてみなさんに話したいと思います。

　まず、行ってみたい所を決めます。私は歴史にウ興実があるので、お城などの歴史的なエ建造物がある所を選びました。

　次に、その場所のオ資量をカ集めます。図書館に行くとガイドブックが置いてあります。インターネットにも、観光案内のサイトがたくさんあります。博物館、レストラン、土産物のお店など、どのような施設があるのか調べます。

　その地域のことが分かってきたら、観光ルートづくりです。地図をキ印札して、自分が行ってみたい所に印をつけていきます。そして、ここところは近いから、一度にク回われる、というように、どんな順番で訪ねていくのがいいか考えるのです。

　それから、ホテルや旅館を調べます。部屋の様子や種類、どのような食事を出してくれるのか、温泉はあるのか、などいくつかのホテルや旅館を比べます。交通手段も考えなければなりません。ケ飛行機を使うのがよいのか、それとも新幹線が便利なのかなどです。出発時間や着く時間、乗りつぎなどを調べて考えます。

　ところで、今年の夏休みに、久しぶりに家族旅行に行きました。しかも、行き先は私が計画を立てた場所でした。すべてが私の計画どおりというわけではありませんでしたが、とてもうれしかったです。実際に行ってみると、思っていたとおりだった所もあれば、まったくちがった所もあって、おもしろかったです。一生懸命調べたので、実物を見た感動は大きく、以前の旅行よりもコじっくり楽しむことができたと思います。

　みなさんも、よかったら、ぜひ試してみてください。旅行を思うぞんぶん楽しむ方法として、おすすめします。

問12

一～五には、使い方が正しくない漢字が一つずつあり、このままでは文の意味が通りません。あやまっている漢字をふくむ言葉の正しい書き方を、解答欄に記入してください。

（例：今日の宿題は、感字の書き取りが二十問だった。　解答●漢字）

一　インターネットを使えば、いろいろな情法を世界中に発信することも、共有することもできる。

二　小さな港町だった父の故郷は、数年前に海岩が整備されて、立派なホテルやショッピングモールが立ち並ぶ観光地になった。

三　ニュースの気象コーナーでは、低気圧が接近してきているので、天気が急返するおそれがあると伝えていた。

四　父は週末の空いている時間を有効に使って、ホームヘルパーになるための通信教育を受構している。

五　先週、家族で登った山は票高が千メートルに満たない低山だったけれど、思ったより道が険しくて、登りきるにはかなり苦労した。

問13　一～六の（　　）に入る正しい漢字を選んで、番号で答えてください。

一　江戸時代の鉱山跡の見学では、ボランティアのガイドさんが先（　　）して案内してくれた。

［1 童　2 銅　3 導］

二　日本固有の植物には、絶滅の危機にあるものが多く、その保（　　）が急がれている。

［1 午　2 護　3 後］

三　いとこのお姉さんは、大学で（　　）済の勉強をして海外の銀行に就職した。

［1 軽　2 競　3 経］

四　祖母は健（　　）のために、毎日、テレビ体操をしている。

［1 康　2 好　3 向］

五　うちで（　　）っている犬は、はじめは小さかったけれど、今では私（わたし）がかかえられないくらいの大きさになった。

［**1** 買　　**2** 飼］

六　このところ雨続きだったが、今日（きょう）は四日ぶりに太陽が姿（すがた）を（　　）した。

［**1** 現　　**2** 表］

問14

一～五それぞれのア・イの（　）には、同じ漢字が入ります。［　］から選んで、番号で答えてください。

一　ア　空気がとても乾燥していて、山火事の（　）いはいっこうにおとろえない。

　　イ　日本近海で（　）力が強くなった台風が、各地に大きな被害をもたらした。

二　ア　中学生の姉は、バスケットボール部のキャプテンとしてチームを（　）いることになった。

　　イ　今は良い天気だけれど、予報では夕方以降の降水確（　）は八十パーセントだそうだ。

三　ア　ゆでた卵を氷水で（　）やすと、からがむきやすくなる。

　　イ　スーパーマーケットの店頭に、数えきれないほどたくさんの種類の（　）凍食品が並んでいる。

四

ア　食欲の秋と言うが、秋に食欲が（　　）すのは、おいしい食べ物がたくさん出回るからだろう。

イ　人口が（　　）加している発展途上国では、食料が不足するなどの問題が起きている。

五

ア　お土産にもらったお菓子をこっそり食べたのは妹なのに、なぜか私が母に（　　）われた。

イ　今日の理科の実験で（　　）問に思うところがあったので、放課後、先生に質問しに行くつもりだ。

1	2	3	4	5	6	7	8	9	10
指	増	勢	冷	笑	疑	肥	率	失	用

次の文章は、防災対策について、中学校一年生の西村さんが書いたものです。これを読んで、それぞれの問いに番号で答えてください。

先日、地震が授業中に発生した場合を想定した避難訓練がありました。このような避難訓練を通じて、学校では、地震に対しても（　ア　）というときにどのような行動をとればよいか、あらかじめ準備ができていると思います。一方で、私たちの生活の場である各家庭では、どのようなことが行われているか知りたくなり、インターネットを使って調べてみました。

図1は、成人を対象とした世論調査で、大地震に備えて取っている対策をたずねたものです。最も多かったのは「停電時に作動する足元灯や懐中電灯などを準備している」で（　①　）%、それに次いで「食料・飲料水、日用品、医薬品などを準備している」が41%でした。防災用品などの準備については、ほかに「（　②　）」、「貴重品などをすぐ持ち出せるように準備している」などがありますが、1位・2位と差があることから、これらは地震対策としての意識がうすいように思いました。

図2は、同じ世論調査で、家具や家庭用電気製品などがたおれたり落下したりしないように「固定しているか」という質問で「固定できていない」と答えた人に、その理由を聞いたものです。最も多い「やろうと思っているが先延ばしにしてしまっているから」と答えた人は、実際に行っていなくても、そのつもりがあると考えられます。ところが、「地震が起きても危険ではないと思うから」、「固定しても効果がないと思うから」、「地震は起こらないと思うから」と答えた人は、家具や家庭用電気製品などを固定することは（　イ　）と考えられます。

これらのことは、いつ、どこで、どのくらいの大きさのものが起こるのか分からない地震に、時間や費用、手間をかけて万全の対策を立てることは難しいという現実を反映していると思います。**図2**からは対策を立てる意思はあるものの実行はできていない人や、そもそも対策が必要であるという意識がない人が少なくないという現実が明らかになっています。対策を立てていない理由が様々なので、全ての人に（　ウ　）かもしれません。ですが、巨大な地震がいつ、どこで起きてもおかしくない状況です。地震に対する備えを万全に近づけるよう、一刻も早く周知徹底する必要があると感じました。

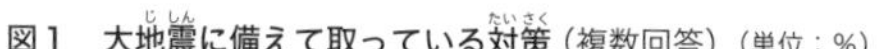

図1　大地震に備えて取っている対策（複数回答）（単位：%）

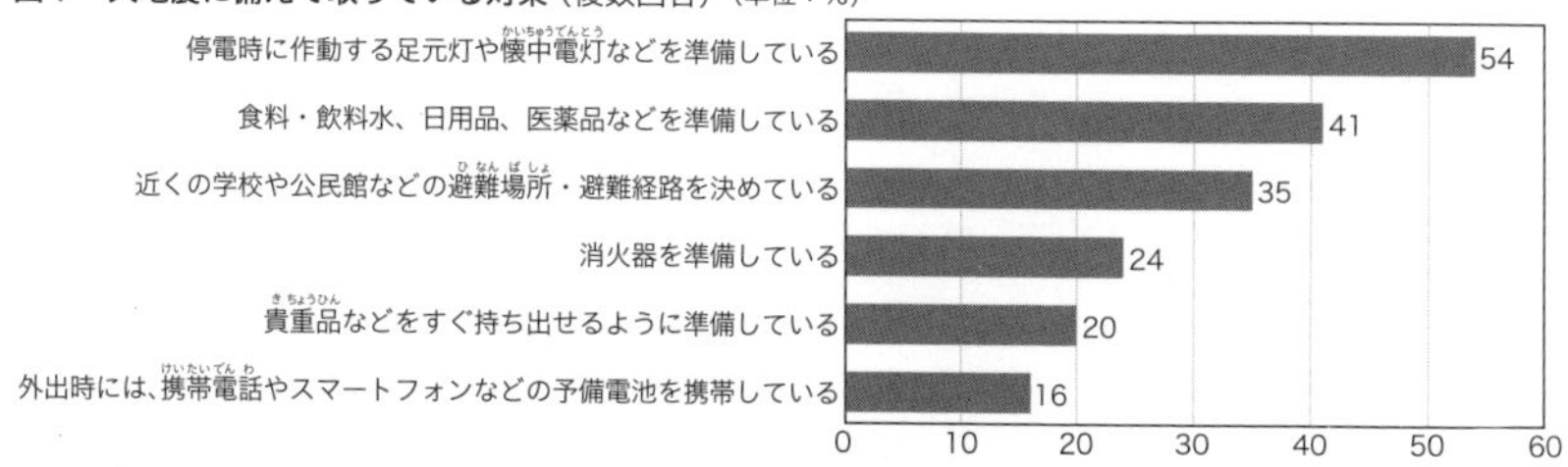

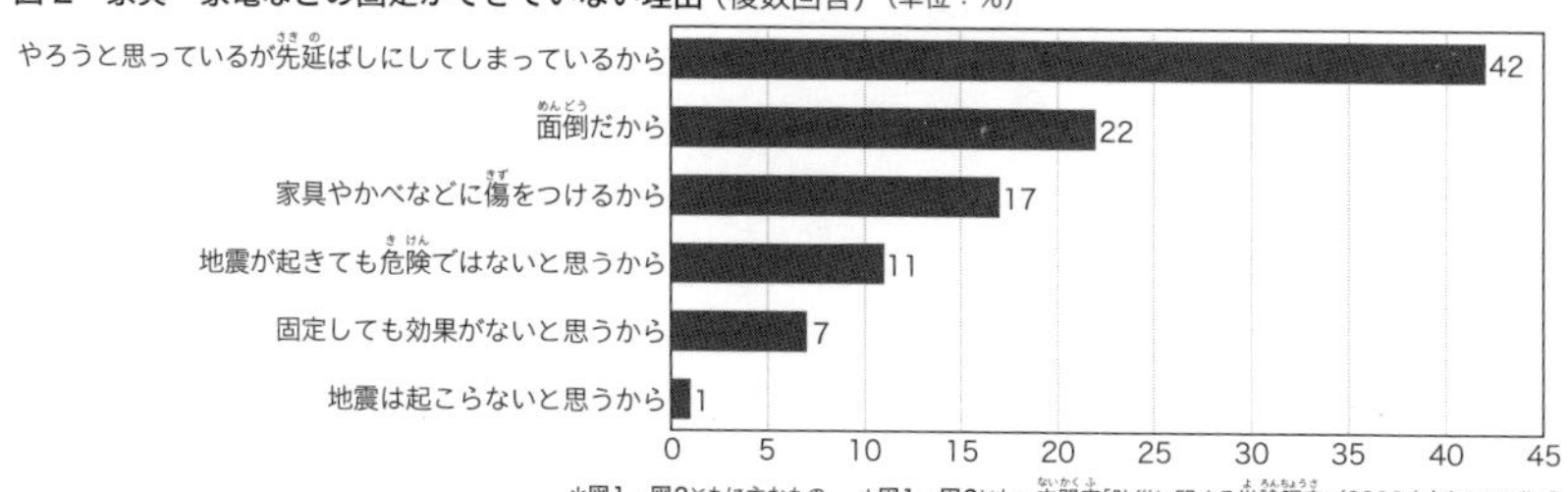

＊図1・図2ともに主なもの。　＊図1・図2とも：内閣府「防災に関する世論調査」（2022年）をもとに作成

第2回　問題

一　アに入る言い方として最も適切なものはどれでしょうか。

1　そう　　2　いざ　　3　さて

二　①・②に入る言い方の組み合わせとして最も適切なものはどれでしょうか。

1　①：54　②：消火器を準備している
2　①：35　②：近くの学校や公民館などの避難場所・避難経路を決めている
3　①：16　②：外出時には、携帯電話やスマートフォンなどの予備電池を携帯している

三　イに入る言い方として最も適切なものはどれでしょうか。

1　必要であると感じている
2　必要がないとは感じていない
3　必要であると感じていない

四　ウに入る言い方として最も適切なものはどれでしょうか。

1　地震への対策を十分なものにするようにうながすことは困難なこと
2　地震だけではなくて、様々な自然災害に備えるように伝えるのは困難なこと
3　過去の大地震をもとに、予想される被害の状況を認識させる試みには困難がつきまとう

次の文章は、中学校一年生の坂口さんが「夏休みの思い出」という題で書いた作文です。これを読んで、後の問いに答えてください。

私の夏休みの思い出は、家族で伊吹山に行ったことです。伊吹山は滋賀県と岐阜県の県境にある山で、「日本百名山」にも選ばれている有名な山ですが、私はこれまで伊吹山を知りませんでした。

伊吹山に行こうと思ったきっかけは、テレビのニュース番組を見たことです。その番組では、伊吹山の山頂には（ ア ）があり、七月から八月がちょうど見頃だと言っていました。私は花を見るのが好きなので行ってみたいと母に話したところ、家族そろって行くことになったのです。

山に行くというと、登山を思いうかべる人が多いと思いますが、伊吹山は山頂近くまで車で行くことができます。そのため、私のような（ イ ）でも安心して行けます。駐車場から歩いて四十分ほどで山頂です。慣れない山道を歩くのは少したいへんでしたが、景色や草花を見ながら登っていると、あっという間に山頂に着きました。

ウ
山頂には、ピンク、白、黄色、紫色などの花がさき乱れて、息をのむ美しさの花畑が広がっていました。私はこれまで、チューリップやヒマワリなど人が植えた花で作られた花畑なら何度か見たことはありますが、いろいろな種類の野生の花がさいているのを見たのは初めてでした。私が最も気に入ったのはシモツケソウです。ふわふわしたピンクの花で、とてもかわいかったです。伊吹山の山頂付近の「伊吹山山頂植物群落」は、国の天然記念物に指定されているそうですが、その中心となっているのはシモツケソウです。

山頂から駐車場まで下りてきて、休憩をしながら名物の薬草ソフトクリームを食べました。苦いのかなと思いながら食べてみると、苦くありませんでした。あまさはふつうのソフトクリームと変わらなかったのですが、少し変わった味がしました。

私たちは車で山頂の近くまで行きましたが、山頂で出会った人の中には、ふもとから歩いて登ってきたという人もいました。歩いて登ると四時間くらいかかるそうですが、山頂に着いたときのエタッセイカンは格別なのだろうなと思いました。私もいつか、自分の足で伊吹山に登ってみたいです。

一　アに入る言い方として最も適切なものはどれでしょうか。番号で答えてください。

［1 美しい花畑　2 ススキの草原（そうげん）　3 スギの並木（なみき）］

二　イに入る言い方として最も適切なものはどれでしょうか。番号で答えてください。

［1 旅行をしたことのない者　2 運動部に入っていない者　3 登山をしたことのない者］

三　ウの段落（だんらく）の表現の特徴（とくちょう）として最も適切なものはどれでしょうか。番号で答えてください。

［
1 花畑にさいているいろいろな種類の花を、自分の身近な人やものにたとえて書くことで、読んだ人が親しみを持てるようにしている。
2 実際の花畑の様子を交えて書くことで、自分がの知っている花を見つけられずがっかりしたことが読んだ人に伝わりやすくしている。
3 花の色を具体的にあげて、花から受けた自分の印象をていねいに書くことで、読んだ人が実際の様子を思いうかべやすくしている。
］

四　エ「タッセイカン」を漢字で書いてください。

五　次の文のうち、この文章の内容と合っているものはどれでしょうか。一つ選んで番号で答えてください。

［
1 休憩をしながら食べたソフトクリームは、ふつうのソフトクリームよりあまくなくて、少し苦い味がした。
2 山頂で見た花のうち坂口さんが特に気に入ったのは、シモツケソウという白くて大きな花である。
3 駐車場から山頂までは歩きやすいように木道が整備されているので、楽に登ることができる。
4 坂口さんが伊吹山に行きたいと思ったのは、伊吹山のことがテレビで放送されたからである。
］

答案用紙

日本語検定

令和5（2023）年度　第2回

5級

注 意

1. 下の「受検者番号シール貼り付け欄」に、受検番号と氏名が書いてある受検者番号シールを貼り付けてください。
2. 答案用紙は裏まで続いていますので、注意してください。
3. 読みやすい字で、わくからはみ出さないように書いてください。
4. まちがえたところは、消しゴムで消してから書いてください。

受検者番号シール貼り付け欄

受検者番号シールを貼ってください。

特定非営利活動法人
日本語検定委員会

記入例

1 番号で答えるときは、このように算用数字で記入してください。

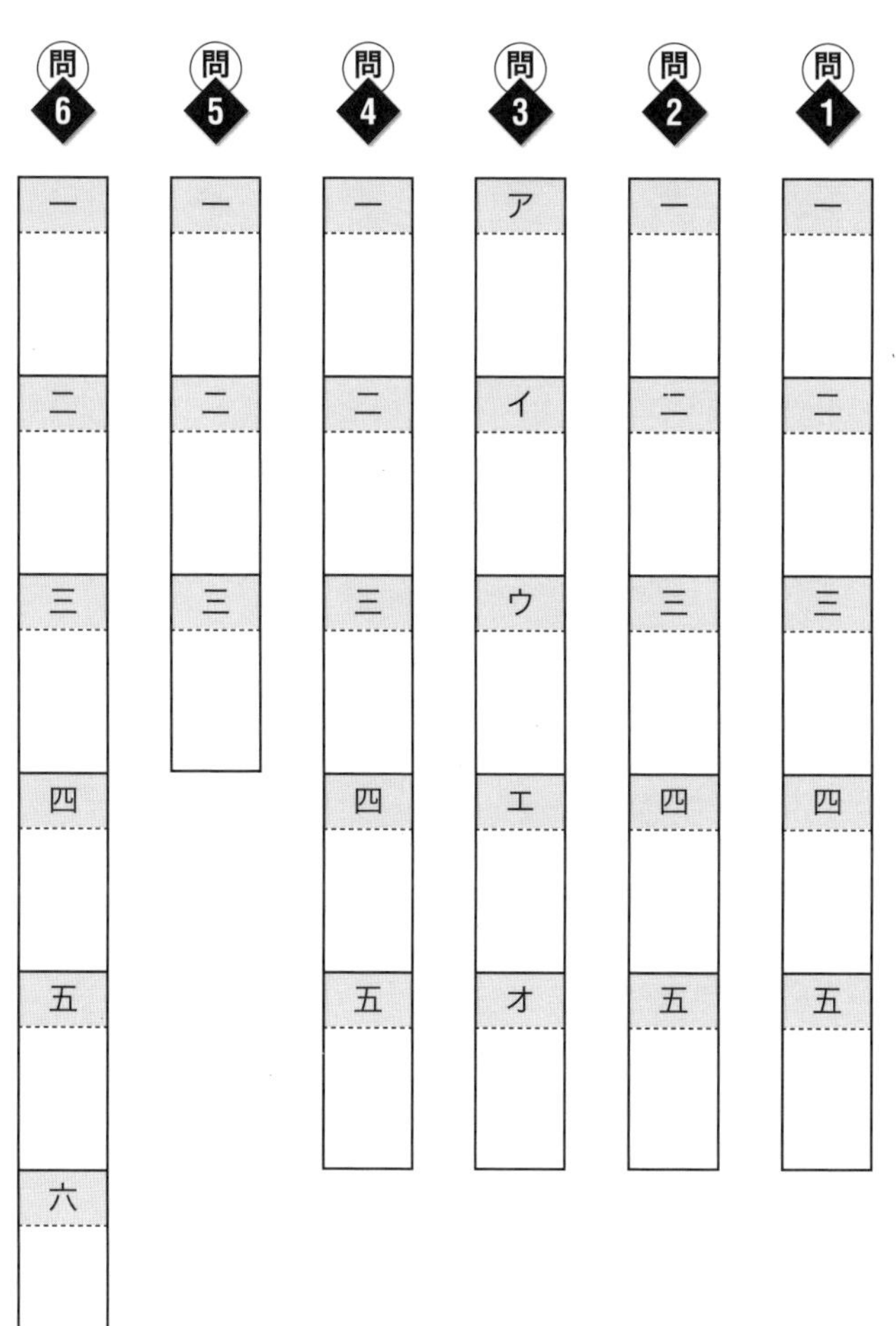

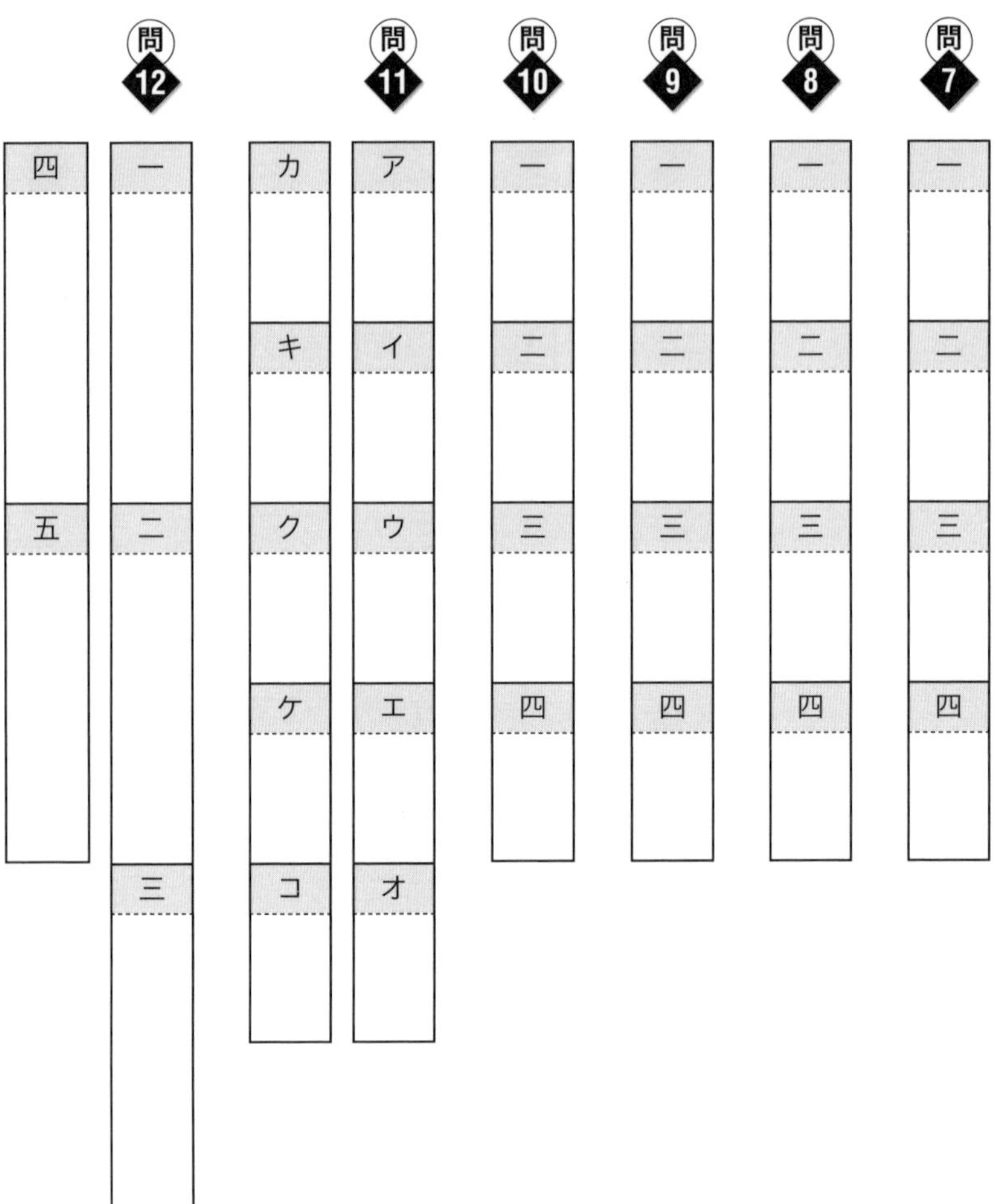
問 7
一
二
三
四
問 8
一
二
三
四
問 9
一
二
三
四
問 10
一
二
三
四
問 11
ア
イ
ウ
エ
オ
カ
キ
ク
ケ
コ
問 12
一
二
三
四
五

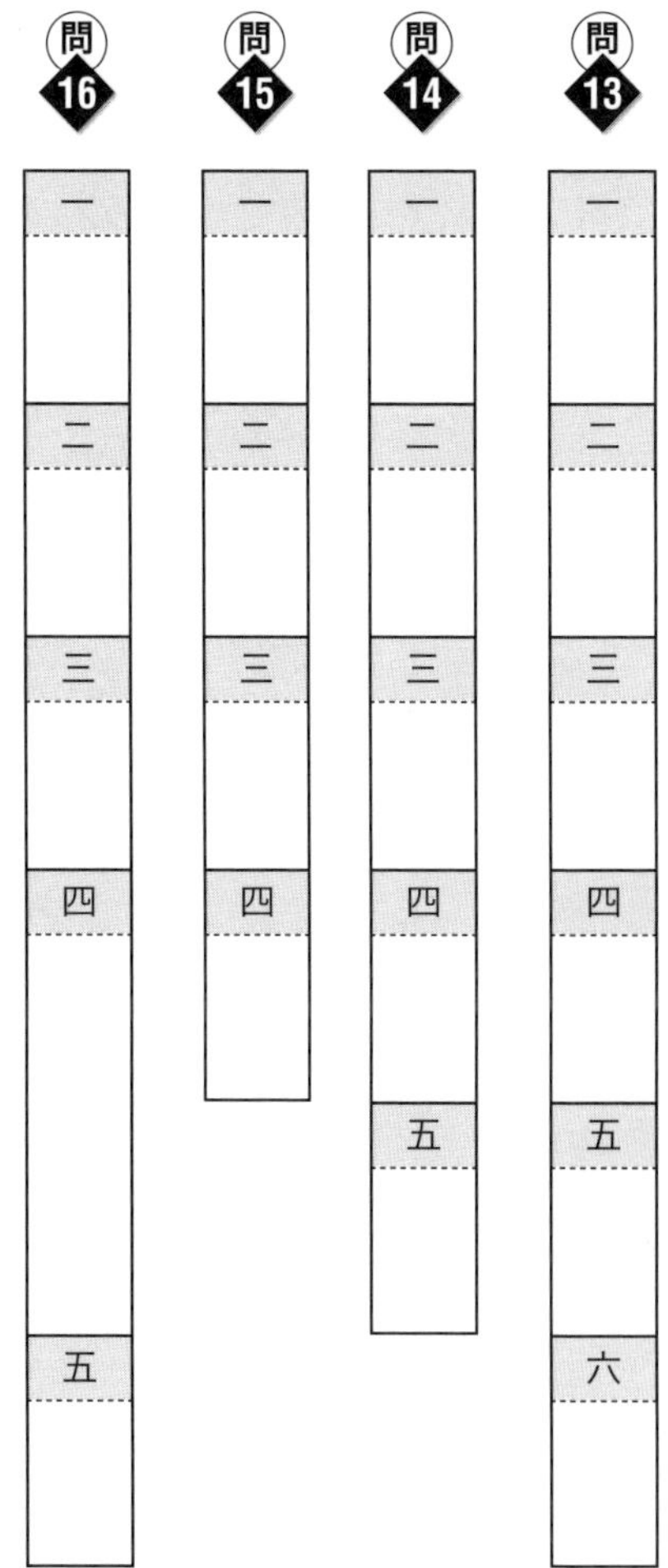

第2回　答案用紙

〔敬語〕

解答　一…3　二…3　三…3　四…1　五…3

解答のポイント　小学生や中学生であれば、ふだんは「です・ます」などの《ていねい語》を使っていれば、相手に失礼にはなりません。しかし、初めて会った人に話すときや大勢の人の前で改まって話す場合など、相手や場面に応じて、敬語をある程度使い分けられるようにしたいものです。

相手を敬う気持ちをこめて、その人の動作やその人に関係する事柄について言うときの言葉を、《尊敬語》といいます。

相手を敬う気持ちを表すときに、自分や自分の身内がする動作や関係する事柄をへりくだって言うときの言葉を、《謙譲語》といいます。

一　初めて話をする人にものをたずねるときには、ていねいな言い方をしましょう。「さきほど放送していた」、「参加したいのですが」、「どうすればいいですか」と、ていねいにたずねている、3が適切です。1の「参加しにきたよ」、「どうすればいいかな」、2の「参加したいんだけど」、「どうすればいいの」は、ふだん友達に話すときのような言い方で、不適切です。

二　広報に「のっている」のは地震体験イベントについてです。地震体験イベントは敬う相手ではないので、敬語を使わずに言っている、3の「(広報に) のっている」が適切です。1の「のられている」は、地震体験イベントに尊敬語の「れる」を使っているので、不適切です。2の「おのりになっている」は、「お～になる」という形の尊敬語を使っているので、不適切です。

三　学級委員の自分がクラスのみんなに「説明する」ので、「ご～する」という形の謙譲語を使っている、3の「ご説明します」が適切です。1の「ご説明なさいます」は、自分の動作に「ご～なさる」という形の尊敬語を使っているので、不適切です。2の「説明してあげます」の「～てあげる」は、このような場合はおしつけがましく受け取られるので、不適切です。

四　母の友人の富田さんを敬う気持ちをこめて、書道を「始めた」ことを「お～になる」という形の尊敬語を使って言っている、1の「お始めになった」が適切です。2の「お始めいたした」は、富田さんの動作に「お～いたす」という形の謙譲語を使っているので、不適切です。3の「お始めした」は、「お～する」という形の謙譲語を使っているので、不適切です。

五　りんごを「作った」のは自分の身内である祖父ですから、尊敬語を使うのは不適切です。3の「作った」が適切です。1の「作ってくださった」は、尊敬語の「くださる」を使っているので、不適切です。また、自分の祖父のことを「おじいさん」と言っているのも、不適切です。2の「作られた」は、尊敬語の「れる」を使っているので、不適切です。

第2回　解答と解説

問2 ［敬語］

解答　一…2　二…3　三…5　四…1　五…4

解答のポイント　尊敬語の中には、「お（ご）〜になる」などのように、いろいろな動詞に使える形のもののほかに、「いらっしゃる・おっしゃる・めしあがる・なさる」などの特別な言葉があります。また、謙譲語の中にも、「お（ご）〜する」などのように、いろいろな動詞に使える形のもののほかに、「うかがう・いたす」などの特別な言葉があります。それらが、ふつうに言うときのどんな言葉に対応するかを考える問題です。尊敬語と謙譲語をとりちがえないように注意しましょう。

一　冬山登山に行くのは先生なので、「行く」の尊敬語である、2「いらっしゃる」を使って、「いらっしゃい（ますか）」とするのが適切です。

二　自分が通っていた幼稚園の園長先生に会うので、「会う」の謙譲語である、3「お目にかかる」を使うのが適切です。

三　「行くといい」と言ったのは先生なので、「言う」の尊敬語である、5「おっしゃる」を使って、「おっしゃって（いた）」とするのが適切です。

四　自分たちが自動車工場の工場長さんから話を聞いたので、「聞く」の謙譲語である、1「うかがう」を使って、「うかがい（ました）」とするのが適切です。

五　先生が見たことがあるかたずねているので、「見る」の尊敬語である、4「ご覧(らん)になる」を使って、「ご覧になった」とするのが適切です。

問3　［敬語／言葉のきまり］

解答　ア…○　イ…×　ウ…×　エ…×　オ…○

解答のポイント　**会話の中の言葉づかいの問題です。敬語(けいご)の問題と言葉のきまり（文法）の問題がふくまれています。**

ア　大山さんが、先生に都合はよいかたずねているので、「（ご都合は）よろしいですか」とていねいな言い方でたずねている問題文は適切です。

イ　自分たちが体育館のステージを「利用して」練習をしたいということを言っているので、「ご～になる」という形の尊敬語(そんけいご)を使って、「ご利用になって」と言っている問題文は不適切です。尊敬語を使わずに、「利用して」などとすれば適切です。

ウ　担任(たんにん)の松本先生が無理のないようにと「言った」ということを言っているので、大山さんが謙譲語(けんじょうご)「申しあげる」を使って言っている問題文は不適切です。尊敬語「おっしゃる」を使って、「おっしゃって」などとすれば適切です。

エ　「使う」は、「つかわ（ない）・つかい（ます）・つかう・つかう（とき）・つかえ（ば）・つかえ・つかお（う）」と形が変わる動詞です。このように形が変わる動詞で、「〜することができる」という可能の意味を表すときには、「使える」のような「可能動詞」を使います。問題文の「使えれる」は、不要な「れ」が入っているので、不適切です。

オ　先生に手配してもらうことを、大山さんが「もらう」の謙譲語「いただく」を使って言っている問題文は適切です。

問4 【言葉のきまり】

解答　一…×　二…×　三…○　四…×　五…○

解答のポイント　伝えたいことを、正しく分かりやすく相手に伝えるためには、文の中の言葉と言葉との関係に気をつける必要があります。

次のようなことに注意しましょう。

- 「主語」と「述語」が正しく対応しているか。
- 「何を」「どうする」のかが、正しく対応しているか。
- 「いつ」のことをいっているのかが、正しく伝わる言い方をしているか。
- 「なぜそうなったのか」や「どうしてそうなのか」などが、正しく伝わる言い方をしているか。

一「（美術館に行って）おどろいたことは」と「（作品も）展示されていました」が正しく対応していないので、不適切な文です。「美術館に行っておどろいたことは、教科書にのっている作品も展示されていたことです。」などのようにすれば、適切な文になります。

二「去年の冬に」とあるのに、「移住します」とこれからのことをいう言い方になっている問題文は不適切です。「父の友人の矢野さんは、去年の冬に家族全員で長野県に移住しました。」などのようにすれば、適切な文になります。

三「（秋田犬が海外で）人気があるのは」と「（ぴんと立った耳や丸いしっぽが）かわいいから（だそうです）」が正しく対応しているので、なぜ人気があるのかが正しく伝わる文です。

四「私の夢は」と「行きます」が正しく対応していないので、不適切な文です。「私の夢は、旅客機のパイロットになって世界中の国へ行くことです。」などのようにすれば、適切な文になります。

五「マフラーをプレゼントしようと思い」と「お小遣いをためています」が正しく対応しているので、何のために小遣いをためているのかが正しく伝わる文です。

【言葉のきまり】

解答　一…3　二…1　三…2

解答のポイント　文と文、語句と語句のつながりをとらえる問題です。前の文（語句）と後の文（語句）がどういう関係でつながっているのかを考えて、そのつながりにふさわしい言葉（接続語）や文を選ぶようにしましょう。

一　前の文の「父と姉が、……テレビに向かって仲良く並んで座っている」ことの理由が、後の文の、「日本の試合の中継があるからだ」という関係なので、前の事柄の理由や原因を説明するときに用いる、**3**「なぜなら」が適切です。**1**「それとも」は、前の事柄と後の事柄の、どちらかを選ばせるときに、**2**「したがって」は、前に述べた事柄から考えて、後に述べる事柄が当然だということを表すときに用います。

二　①「足首をひねったので湿布をはってねれば治ると思った」という予想に反して、「翌朝、足首がはれてしまった」とつながることから、前の事柄に対して予想に反する事柄や好ましくない事柄をつなげて述べるときに用いる、**1**の「ところが」が適切です。**2**の「だから」は、前に述べたことが、後に述べる内容の理由や原因であることを表すときに、**3**の「つまり」は、前に述べた事柄を別の言い方で説明するときに用います。

②「父に病院に連れていってもらった」と述べた後に、「医師に足首の骨にひびがはいっていると言われ」たとつながるので、前の事柄に続いて後の事柄が起こることを表すときに用いる、**1**の「すると」が適切です。**2**の「しかし」は、前の文で述べたこととは反対のことを述べるときに、**3**の「やがて」は、前の事柄が起こってからまもなく、後の事柄が起こることを表すときに用いま

す。

したがって、1「①…ところが　②…すると」が適切です。

三　「小学校六年生の夏休みの宿題で書いた絵日記」を読み返したら、「忘(わす)れていた出来事が思い出されて、なつかしい気持ちになりました」とあり、〔　　〕には、そのことと「そこで」でつながる文が当てはまります。「そこで」は、前に述べたことが後に述べる事柄のきっかけや原因であることを表すときに用いる言葉です。その事柄は、後に続く「そのまま中学校を卒業するまで日記を続けるつもりです。」につながるものでなければなりません。したがって、2「今度は宿題としてではなく、自分の意思で日記をつけていこうと思いました」が適切です。1と3は、どちらも後の文の「日記を続けるつもりです」につながらないので、不適切です。

問6 ［いろいろな言葉］

解答　一…3　二…3　三…2　四…3　五…1　六…2

解答のポイント　似た意味を表す言葉（「類義語」といいます）と、反対の意味を表す言葉（「対義語」といいます）を選ぶ問題です。

一　「配達」は、郵便物(ゆうびんぶつ)や商品を指定されたところに配り届(とど)けることです。似た意味を表す言葉は、

第2回　解答と解説

3「配送」で、手紙や荷物などを、それを送らなければいけないところに送り出して、配り届けることです。1「配布」は、ビラやちらしなどを多くの人に行きわたるように配ることです。2「配給」は、数量に限りのある物を、一人一人の割り当てを決めて配ることです。

二「期日」は、その日までと前もって決められた日のことです。似た意味を表す言葉は、3「期限」で、前もってその時までにしなければならないと決められた日時のことです。1「期待」は、よい結果や状態になるだろうと望みをかけて待つことです。2「期間」は、ある決まった時からほかの決まった時までの間のことです。

三「特殊」は、普通のものとはちがっている様子です。似た意味を表す言葉は、2「特別」で、普通とはちがっていて同じあつかいができない様子です。1「特色」は、ほかのものと比べて、特に目立っているところのことです。3「特長」は、特にすぐれたところのことです。

四「敵意」は、相手を自分にとって不都合な者と考えて、競い落としたりおとしいれたりしようとする気持ちのことです。反対の意味を表す言葉は、3「好意」で、相手を好ましく思い、その人のためになることをしたいと思う気持ちのことです。1「待意」は、「待」と「意」を合わせて熟語とする使い方は一般にはしません。2「任意」は、本人の思いどおりに自由に決めることができる様子です。

五「戸外」は、家の外のことです。反対の意味を表す言葉は、1「屋内」で、家や建物の中のことです。2「管内」は、役所などが受け持つ範囲の中のことです。3「案内」は、道や場所を教えたり、連れていったりすることです。

六 「意外」は、物事の様子やなりゆきなどが思っていたことと大きくちがう様子です。反対の意味を表す言葉は、2「当然」で、物事の様子やなりゆきなどが当たり前だと思われる様子です。1「当直」は、会社や役所などで働いている人が、順番で日直などの仕事をすることです。3「当時」は、過去のある時点を指して、そのとき、そのところという意味を表す言葉です。

問7 【いろいろな言葉】

解答 一…3　二…2　三…2　四…2

解答のポイント 言葉どうしのさまざまな意味の関係を考える問題です。

ここでは、

◎ものの名前と、それと同じ仲間であるものの名前を表す言葉
◎ものの名前と、それをふくむグループの名前を表す言葉
◎ものの名前と、その主な材料を表す言葉
◎ある言葉と、それと反対の意味を表す言葉

をあつかっています。

第2回　解答と解説

一「キツネ ― イノシシ」は、どちらも動物（哺乳類）の一種ですから、「ものの名前と、それと同じ仲間であるものの名前を表す言葉」という関係です。３「コスモス ― シクラメン」が、どちらも草花の一種ですから、同じ関係です。１「キャベツ ― スズムシ」は、「スズムシ」は昆虫の一種で、家で「スズムシ」を飼うときに「キャベツ」の葉などをえさとしてあたえるという関係です。２「マツムシ ― マツ」は、「マツムシ」も昆虫の一種で、「マツ」（松）は、樹木の一種ですから、同じ関係ではありません。

二「三角定規 ― 文房具」は、「三角定規」は「文房具」の一種ですから、「ものの名前と、それをふくむグループの名前を表す言葉」という関係です。２「教科書 ― 本」が、「教科書」は「本」の一種ですから、同じ関係です。１「紙 ― 新聞」は、「新聞」は主に「紙」に印刷されているという関係です。３「絵本 ― 辞書」は、どちらも本の一種ですから、「ものの名前と、それと同じ仲間であるものの名前を表す言葉」という関係です。

三「わりばし ― 木」は、「わりばし」は主に「木」でできているので、「ものの名前と、その主な材料を表す言葉」という関係です。２「試験管 ― ガラス」が、「試験管」は主に「ガラス」でできているので、同じ関係です。１「ビーカー ― 水」は、「ビーカー」は「水」を入れる容器であるという関係です。３「体温計 ― 温度計」は、「温度計」の一種に「体温計」があるので、「ものの名前と、それをふくむグループの名前を表す言葉」という関係です。

四「楽観 ― 悲観」は、「楽観」は、物事をよい方向に考えて、心配しないことで、「悲観」は、物事が思うようにならず、望みをなくすことですから、「ある言葉と、それと反対の意味を表す言葉」という関係です。「出発」は、目的地へ向かって出かけることで、「到着」は、目的地に行きつくことですから、2「出発 ― 到着」が同じ関係です。1「用心 ― 注意」は、「用心」は万が一に備えて気をつけることで、「注意」は失敗しないように気をつけたり、まわりに気を配ったりすることですから、反対の意味を表す言葉ではありません。3「使用 ― 準備」は、「使用」は物や人を使うことで、「準備」は物事がうまく行くように備えておくことですから、反対の意味を表す言葉ではありません。

〔いろいろな言葉〕

解答　一…3　二…1　三…6　四…5

解答のポイント　**「口」をふくむいろいろな言い方を取り上げています。それぞれの文が言い表そうとしている意味を考えて、当てはまる言い方を選ぶ問題です。**

一　注意するときなどに、同じことを何度もくり返して言う様子をいう、3「口をすっぱくする」を使った、「口をすっぱくし（て）」が適切です。

二　複数の人がそろって同じことを言う様子をいう、1「口をそろえる」を使った、「口をそろえ

（て）」が適切です。

三　人に言ってはならないことを簡単に人に話さない様子をいう、**6**「口がかたい」が適切です。

四　なかなかものを言おうとしない様子をいう、**5**「口が重い」を使った、「口が重（くなる）」が適切です。

 ［言葉の意味］

解答　一…1　二…1　三…2　四…2

解答のポイント　**同じ漢字がふくまれている熟語の使い分けの問題です。それぞれの文によって言い表そうとしていることを考えて、それにふさわしい言葉を選ぶことが必要です。**

一　会社や研究所、学校などの組織や施設などを新しくつくることをいう、**1**「設立」が適切です。**2**「設計」は、建物や機械などを作るときに、その仕上がりの形や作りを図面などによって具体的に示すことです。**3**「設定」は、ある目的に合うように、新しく物事を取り決めることです。

二　自分の考えや意見を会議の場などに出すこと、また、その考えや意見のことをいう、**1**「提案」が適切です。**2**「提供」は、役に立ててもらうために、自分のお金や物などを差し出すことです。**3**「提示」は、差し出して、相手に見せることです。

三　動植物が環境に合わせて形や性質などを変えていくことという意味を表す、２「適応」が適切です。１「適当」は、ちょうどいい具合である様子、また、物事をいい加減にすませようとする様子のことです。３「適用」は、法律や規則などを当てはめて用いることです。

四　ねこには小判の値打ちが分からないということから、貴重なものを価値の分からない人にあたえても無駄であることをたとえていう、「ねこに小判」となる、２「小判」が適切です。１「評判」は、良い悪いについての世間の人の評価のことです。３「裁判」は、裁判所が争いやうったえを法律に基づいて裁くことです。

［言葉の意味］

解答　一…１　二…２　三…２　四…１

解答のポイント　**使い方のうえで注意が必要な、さまざまな言葉を取り上げています。**

一　【めっぽう】…程度がふつうの度合いをこえている様子を表す言葉で、１の使い方が適切です。
２は「なんでも」などであれば適切な文になります。

二　【たんたんと】…言い方などがあっさりしているようすを表す言葉で、２の使い方が適切です。
１は「だらだら（と）」などであれば適切な文になります。

三 【いったん】…ある動作から次の動作に移る間にはさんで一度何かをする様子をいう言葉で、2の使い方が適切です。1は「なかなか」などであれば適切な文になります。

四 【それほど】…あとに打ち消しの言葉が付いた形で、とりたてて言うほど問題ではないという意味を表す言葉で、1の使い方が適切です。2は「どれほど」などであれば適切です。

［書き表し方］

解答

ア…○　イ…×　ウ…×　エ…○　オ…×
カ…○　キ…×　ク…×　ケ…○　コ…○

解答のポイント **漢字の使い分け・送りがなの付け方・かなづかいの間違い(まちが)いがふくまれています。書いた後でよく見直さないと、こうした間違いをそのままにしてしまうことがあります。ほかの人の文章を見るつもりになって、注意深く見直しましょう。**

ア 流行…適切な書き表し方です。

イ けっこお…「けっこう」が適切な書き表し方です。それで十分というほどではないけれども、それなりに満足がいくことを表します。「オー」とのばす音の多くは「おとうと」「とうだい」のように、「う」で書き表します。「おおきい（大きい）」や「とおい（遠い）」などは、「お」で書き表します。

ウ　**興実**…「興味」が適切な書き表し方です。ある物事をおもしろいと感じて、それにひきつけられている気持ちのことです。

エ　**建造物**…適切な書き表し方です。

オ　**資量**…「資料」が適切な書き表し方です。研究や調査などをするときの材料となるもののことです。

カ　**集めます**…適切な書き表し方です。

キ　**印札**…「印刷」が適切な書き表し方です。文字や絵などを紙、布などに刷りうつすことです。

ク　**回われる**…「回れる」が正しい書き表し方です。「まわる（回る）」は、「まわら（ない）・まわり（ます）／まわっ（た）・まわる・まわる（とき）・まわれ（ば）・まわれ・まわろ（う）」と形が変わる動詞（どうし）です。このような動詞は形が変わる部分から送りがなを付けます。

ケ　**飛行機**…適切な書き表し方です。

コ　**じっくり**…適切な書き表し方です。

［書き表し方］

解答　一…情報　二…海岸　三…急変　四…受講　五…標高

第2回　解答と解説

解答のポイント 文に合った言葉を正しい漢字で書く問題です。同じ読み方をする漢字がいくつかある場合には、特に注意が必要です。

一 事物や出来事などの内容や様子についての知らせのことで、「情報」が正しい書き表し方です。「報」は、知らせ、また、むくいることという意味を表します。「法」は、守らなければならないきまりのことです。

二 海と陸地の境目の部分のことで、「海岸」が正しい書き表し方です。「岸」は、陸が海や川、湖などの水と接するところという意味を表します。「岩」は、大きな石のことです。

三 状態や様子が、急に悪くかわることで、「急変」が正しい書き表し方です。「変」は、それまでとはまるっきり別の状態になることという意味を表します。「返」は、もとにもどすという意味を表します。

四 学問や技術などを身に付けるための講習を受けたり、大学などの授業を受けたりすることで、「受講」が正しい書き表し方です。「講」は、相手が分かるように話すこと、また、学ぶ、習うことという意味を表します。「構」は、組み立てるという意味を表します。

五 ある地点の、海面から測った高さのことで、「標高」が正しい書き表し方です。「標」は、目じるしという意味を表します。「票」は、ちょっとしたことを書きつける小さな紙という意味を表します。

問13 ［漢字］

解答　一…3　二…2　三…3　四…1　五…2　六…1

解答のポイント　同じ読み方のある漢字の使い分けの問題です。一～四は、音読みの熟語で、五と六は、訓読みの言葉です。それぞれの漢字の意味や使い方を、正しく理解することが大切です。

一　先に立って、あとに続くものをみちびくことをいう、「先導」となる、3「導」が適切です。1「童」は、子どもという意味を表します。2「銅」は、金属の一種で、熱や電気を伝えやすいので、なべ・フライパンなどの調理器具や電線など、広く使われています。

二　かばって守ることをいう、「保護」となる、2「護」が適切です。1「午」は、昼の十二時という意味を表します。3「後」は、空間や時間があとの方という意味を表します。

三　人が物を生産し、それを売り買いしたり、消費したりする社会の仕組みや働きのことをいう、「経済」となる、3「経」が適切です。1「軽」は、かるいという意味を表します。2「競」は、勝ち負けや、すぐれているかおとっているかを争って張り合うという意味を表します。

四　体や心の調子に悪いところがないことをいう、「健康」となる、1「康」が適切です。2「好」は、このむ、すきという意味を表します。3「向」は、ある方にむく、むかうという意味を表します。

五　動物にえさをやり、世話をして育てることをいう、「飼う」となる、2「飼」が適切です。1「買」を使った「買う」は、お金をはらって自分のものにするという意味を表します。

六　今まで見えなかったものが、はっきり見えるようになることをいう、「現す」となる、1「現」が適切です。2「表」を使った「表す」は、考えや気持ちなどを、言葉や身ぶり、顔つきなどで示すという意味を表します。

【漢字】

解答　一…3　二…8　三…4　四…2　五…6

解答のポイント　ア・イ両方の（　）に当てはまる、一つの漢字を選ぶ問題です。それぞれの文によって言い表そうとしていることから、どのような言葉が適切なのか、その言葉はどの漢字で書くのか、というように考えます。

一　アでは、「〜い」につながるものとして、形の上では3「勢」、5「笑」、6「疑」、8「率」、9「失」、10「用」が考えられます。このうちイで、「〜力」につながるのは、3「勢」だけで、ほかのものをおさえつけるいきおいと力のことをいう「勢力」となりますから、これが適切です。アの「勢い」は、人の力でおさえつけて、思うようにあやつることができない自然のなりゆきのことという意味を表します。

二　**ア**では、「〜いる」につながるものとして、形の上では8「率」、10「用」が考えられます。このうち**イ**で、「確〜」につながるのは8「率」だけで、ある物事や現象が、どの程度の可能性で起こるかどうかを計算して表した割合（わりあい）のことをいう「確率」となりますから、これが適切です。**ア**の「率いる」は、組織の長として、多くの人を指図するという意味を表します。

三　**ア**では、「〜やす」につながるものとして、形の上では2「増」、4「冷」、7「肥」が考えられます。このうち**イ**で、「〜凍食品（とうしょくひん）」につながるのは、4「冷」だけで、長い期間保存（ほぞん）できるようにこおらせて冷凍庫で保存しておき、食べるときに解かして調理できるように加工した食品のことをいう「冷凍食品」となりますから、これが適切です。**ア**の「冷やす」は、物の温度を下げて冷たくするという意味を表します。

四　**ア**では、「〜す」につながるものとして、形の上では1「指」、2「増」、9「失」が考えられます。このうち**イ**で、「〜加」につながるのは2「増」だけで、物の数や量がふえることをいう「増加」となりますから、これが適切です。**ア**の「増す」は、数や量、程度などが多くなるという意味を表します。

五　**ア**では、「〜われた」につながるものとして、形の上では5「笑」、6「疑」、9「失」が考えられます。このうち**イ**で、「〜問」につながるのは、6「疑」だけで、それでよいのかうたがって問うことをいう「疑問（ぎもん）」となりますから、これが適切です。**ア**の「疑う（うたが）」は悪いことをしたのではないかと思うという意味を表します。

【総合問題】

解答 一…2　二…1　三…3　四…1

解答のポイント 二つのグラフと、それについて書かれた文章からなる問題です。筆者が、図のどのようなところに注目して、そこから何を言おうとしているのかを考えることが大切です。

一　地震を想定した避難訓練は、実際に地震が発生した場合にどのように行動すればいいのかあらかじめ準備をしておくものです。アには、心を引きしめて物事に取りかかろうとする機会や時という意味の「いざというとき」となる、**2**「いざ」が適切です。**1**「そう」、**3**「さて」は、後の「というときにどのような行動をとればよいか」につながらないので、不適切です。

二　①　**図1**を見ると、「停電時に作動する足元灯や懐中電灯などを準備している」は54%なので、54が適切です。

②　**図1**のうち、「防災用品などの準備」に当たる項目を多い順にあげると、一位の「停電時に作動する足元灯や懐中電灯などを準備している」、二位の「食料・飲料水、日用品、医薬品などを準備している」、続いて「消火器を準備している」、その次が「貴重品などをすぐ持ち出せるよう

に準備している」です。よって、「消火器を準備している」が適切です。

したがって、**1**「①…54　②…消火器を準備している」が適切です。

三　**図2**は、家具や家庭用電気製品などを「固定できていない」と回答した人に、その理由をたずねたものです。最も割合が大きい、固定しようと思っているが「先延ばしにしてしまっているから」と答えた人は、そのつもりはあるが、何らかの理由で延期してしまっている人と考えられます。一方、**イ**の前の部分にあげられている三項目を選択した人たちは、「危険ではない」、「効果がない」、「地震は起こらない」のだからわざわざ固定しなくてもよいと思っていると考えられます。そのことから、**イ**は、**3**「必要であると感じていない」が適切です。**1**と**2**は固定することが必要だと感じているという意味になるので、不適切です。

四　筆者は、この文章を通じて、大地震が起きたときに備えた各家庭の対策について述べてきました。**ウ**をふくむ文では、それらの対策について、「対策を立てていない理由が様々なので、全ての人に**ウ**かもしれません」と述べています。つまり、「全ての人に**ウ**かもしれません」と考える理由として、「(地震への)対策を立てていない理由が(人によって)様々」と述べていると考えることができます。この理由と合う考えは、**ウ**に**1**を入れた、「全ての人に地震への対策を十分なものにするようにうながすことは困難なことかもしれません」で、これが適切です。**2**は、文中では地震以外の自然災害について述べられていないので、不適切です。**3**は、過去の大地震をもとにした被害状況の想定を、多くの人に広める試みについて述べられていないので、不適切です。

【総合問題】

解答　一…1　二…3　三…3　四…達成感　五…4

解答のポイント　**総合問題です。これまでに出てきたいろいろな内容がふくまれています。**

一　**ア**は「七月から八月がちょうど見頃」で、また、「私は花を見るのが好きなので行ってみたい」とあるので、伊吹山の山頂にあるのは、**1**「美しい花畑」と分かります。したがって、**1**が適切です。**2**「ススキの草原」、**3**「スギの並木」は、どちらも本文中に述べられていることではないので、不適切です。

二　**イ**をふくむ文が「そのため」から始まっていることから、前の文に、**イ**のような人でも「安心していける」理由が書かれていると考えることができます。前の文には、「山に行くというと、登山を思いうかべる人が多いと思いますが、伊吹山は山頂近くまで車で行くことができます。」とあります。山に行くというと思いうかべるような登山ではなく、山頂近くまで車で行けることで「安心できる」人に当てはまるのは、**3**「登山をしたことのない者」で、これが適切です。**1**「旅行をしたことのない者」、**2**「運動部に入っていない者」は、本文中に「旅行」についての記述や「運動部」に入っているかどうかについての記述はないので、不適切です。

三　**ウ**の段落には、花畑にはいろいろな色の花がさき乱れていて「息をのむ美しさ」であったことや、

「最も気に入った」シモツケソウの色や様子が中心に書かれています。したがって、3「花の色を具体的にあげて、花から受けた自分の印象をていねいに書くことで、読んだ人が実際の様子を思いうかべやすくしている。」が適切です。1は、さいている花を身近な人やものにたとえて書いてはいないので、不適切です。2は、知っている花を見つけられなかったことやがっかりしたことは書かれていないので、不適切です。

四 ある物事をなしとげたことで得られる満足感や喜びという意味を表す、「達成感」が正しい書き表し方です。

五 第二段階に「伊吹山に行こうと思ったきっかけは、テレビのニュース番組を見たことです。」とあるので、4「坂口さんが伊吹山に行きたいと思ったのは、伊吹山のことがテレビで放送されたからである。」が適切です。1は、第五段落に、「あまさはふつうのソフトクリームと変わらなかったのですが、少し変わった味がしました。」とあるので、不適切です。2は、シモツケソウは、「ふわふわしたピンクの花」なので、不適切です。3は、伊吹山に「木道が整備されている」とは書かれていないので、不適切です。

第2回　解答と解説

カバーイラスト…………福政真奈美
装丁………………………難波邦夫
DTP………………………牧屋研一
本文イラスト……………黒沢信義

日本語検定 公式過去問題集 5級 令和6年度版

第1刷発行　2024年3月31日

編　　者　日本語検定委員会
発 行 者　渡辺能理夫
発 行 所　東京書籍株式会社
〒114-8524　東京都北区堀船 2-17-1
電話 03-5390-7531（営業）　03-5390-7506（編集）
日本語検定委員会事務局
フリーダイヤル 0120-55-2858
印刷・製本　図書印刷株式会社

ISBN978-4-487-81755-9 C0081

東京書籍　https://www.tokyo-shoseki.co.jp
日本語検定委員会　https://www.nihongokentei.jp